VENTE DU MARDI 21 AU SAMEDI 25 JANVIER 1908

9, RUE DROUOT, 9

Par le Ministère de Me F. LAIR-DUBREUIL, commissaire-priseur

CATALOGUE

DE LA

BIBLIOTHÈQUE

DE

FEU M. LE COMTE A*** W***

PREMIÈRE PARTIE

TRÈS BEAUX LIVRES MODERNES

ILLUSTRÉS

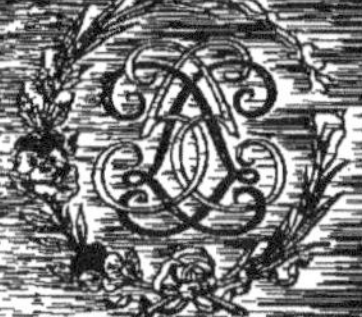

PARIS

LIBRAIRIE HENRI LECLERC

219, RUE SAINT-HONORÉ, 219

ET 16, RUE D'ALGER

1908

BIBLIOTHÈQUE DE M. LE COMTE A*** W***

PREMIÈRE PARTIE

LIVRES MODERNES
ILLUSTRÉS

LA VENTE AURA LIEU

Le Mardi 21 Janvier 1908 et les 4 jours suivants

A 2 heures précises

HOTEL DES COMMISSAIRES-PRISEURS, 9, RUE DROUOT

Salle N° 10

Par le ministère de Me **F. LAIR DUBREUIL**, commissaire-priseur

6, RUE FAVART, 6

Assisté de **M. HENRI LECLERC**, libraire

219, RUE SAINT-HONORÉ, 219

ET 16, RUE D'ALGER

VOIR L'ORDRE DES VACATIONS A LA FIN DU CATALOGUE

CONDITIONS DE LA VENTE

La vente se fait au comptant.

Les acquéreurs paieront 10 pour 100 en sus des enchères.

Les livres vendus devront être collationnés dans les vingt-quatre heures de l'adjudication. Passé ce délai, ils ne seront repris pour aucune cause.

M. Leclerc se réserve la faculté, dans l'intérêt de la vente, de réunir ou de diviser les numéros du catalogue. Il remplira les commissions qu'on voudra bien lui confier.

Les livres, composant ce catalogue, pourront être examinés à la LIBRAIRIE HENRI LECLERC, 219, rue Saint-Honoré, du mercredi 8 au jeudi 16 janvier, de 2 heures à 6 heures.

Exposition, dans la salle de vente, le lundi 20 janvier.

CATALOGUE

DE LA

BIBLIOTHÈQUE

DE

FEU M. LE COMTE A*** W***

PREMIÈRE PARTIE

TRÈS BEAUX LIVRES MODERNES ILLUSTRÉS

PARIS
LIBRAIRIE HENRI LECLERC
219, RUE SAINT-HONORÉ, 219
ET 16, RUE D'ALGER

1908

CATALOGUE

DE

LIVRES MODERNES

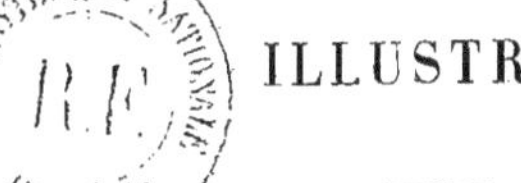

ILLUSTRÉS

1. ABOUT (Edmond). Le Nez d'un Notaire. *Paris, Calmann Lévy*, 1886, petit in-8, mar. orange, fil., chiffre sur les plats, dos orné, fil., dent. int., tête dor., non rogné (*Allô*).

Tirage à 225 exemplaires imprimés sur **papier vélin**, pour la librairie Conquet, contenant un frontispice, 6 en-têtes et 6 culs-de-lampe dessinés et gravés par *Géry-Bichard*.

Un des 30 exemplaires (nº 7) avec les figures en trois états dont l'**eau-forte pure**.

2. ABOUT (Edmond). Les Mariages de Paris. *Paris, imprimé pour les Amis des livres*, 1887, pet. in-8, mar. bleu, jans., tête dor., non rog. (*Pierson*).

Dessins de *Piguet*. Gravures sur bois de *Hayot*.

Édition tirée à 115 exemplaires (nº 76) sur papier de Chine contenant un tirage à part de toutes les illustrations.

3. ADAM (Mme) (Mme Juliette Lambert). La Chanson des nouveaux époux. Édition ornée d'un portrait et de dix eaux-fortes. *Paris, L. Conquet*, 1882, in-4, mar. vert, fil., chiffre sur les plats, dos orné, dent int., tête dor., non rogné, couvert. illust. (*Allô*).

Un des 100 exemplaires (nº 69) imprimés sur **papier du Japon**, contenant les eaux-fortes de *Boisson, Boulard, Mercier, Abot, Vion, Courtry*, etc. d'après *A. Morot, Le Roux, Munkacsy, Ed. Detaille, Toudouze, B. Constant, J. Lefebvre, J.-P. Laurens, G. Doré*, etc. en deux états : **avant la lettre** avec remarque et avec la lettre.

4. ADELINE (Jules). La Légende du Violon de faïence. Huit compositions gravées à l'eau-forte par l'auteur. *Paris, L. Conquet*, 1895, in-12, dos et coins mar. vert, fil., dos orné, tête dor., non rogné, couverture illust. (*Pierson*).

Un des 150 exemplaires imprimés sur **papier du Japon** offert à M. le comte Werlé par l'éditeur ; il contient les compositions d'*Adeline* en trois états, dont **l'eau-forte pure**.

5. AICARD (Jean). La Chanson de l'Enfant. Nouvelle édition, ornée de 128 compositions par T. Lobrichon, avec la collaboration de E. Rudaux, gravées sur bois par L. Rousseau. *Paris, Georges Chamerot*, 1884, gr. in-8, mar. grenat, compart. de fil., ornés de feuillages à petits fers, chiffre mosaïqué sur les plats, dos orné, dent. int., tête dor., non rogné, couverture (*Champs*).

Un des 150 exemplaires (n° 1) imprimés sur **papier du Japon**, contenant un **tirage à part de tous les bois**.

6. AICARD (Jean). Roi de Camargue. Illustrations de Georges Roux. *Paris, E. Testard*, 1890, in-8, eaux-fortes hors texte et vignettes sur bois dans le texte, dos et coins mar. gris, tête dor., non rogné, couverture (*Pierson*).

Tirage de grand luxe. Un des 35 exemplaires (n° 25) imprimés sur **papier du Japon**, contenant les eaux-fortes hors texte en trois états dont **l'eau-forte pure**.

7. ALEXANDRE (Arsène). Les Reines de l'aiguille, modistes et couturières (Étude parisienne). Illustrations dessinées et gravées par François Courboin. *Paris, Théophile Belin*, 1902, in-8, dos et coins mar. brun, fil., dos orné, tête dor., non rogné (*Pierson*).

Un des 100 exemplaires sur **papier du Japon**, contenant les illustrations en trois états dont **l'eau-forte pure**.

8. ALEXIS (Guillaume). Le grant Blason des faulces amours. Avec une notice bibliographique par Philomneste junior (G. Bru-

net). *Genève, J. Gay et fils*, 1867. — Regnier (Jehan). Les Fortunes et adversitez du feu noble homme Jehan Regnier. Réimpression textuelle de l'édition originale, augmentée d'une notice bibliographique par M. Paul Lacroix. *Genève, Gay et fils*, 1867. — Ens. 2 vol. pet. in-12, mar. rouge, jans., dent. int., tr. dor. (*Champs*).

Des *Raretés bibliographiques*.
Exemplaires imprimés sur **peau de vélin**, tirés à 2 exemplaires.

9. ANTAR, poème héroïque arabe, d'après la traduction de Marcel Devic. Illustrations en couleurs de E. Dinet. *Paris, l'Édition d'art, H. Piazza et Cie*, 1898, in-4, dos et coins mar. gren., fil., dos orné et mosaïqué de mar. citron et noir, tête dor., non rogné (*Couvert. illust.*).

Un des 230 exemplaires imprimés sur papier vélin des Vosges à la cuve.

10. ARÈNE (Paul). Au bon Soleil. *Paris, G. Charpentier*, 1881, in-12, mar. bleu, fil., dos orné, dent. int., tête dor., non rogné, couverture (*Pierson*).

Édition originale.
Exemplaire imprimé sur **papier de Hollande**; il est orné sur le faux-titre et dans les marges de 106 **aquarelles** et **dessins originaux de Chabod.**

11. ARIOSTE. Roland furieux, poème héroïque, traduit par A.-J. du Pays et illustré par Gustave Doré. *Paris, Hachette et Cie*, 1879, in-fol., dos et coins mar. bleu, fil., dos orné, tête dor., non rogné (*Champs*).

Premier tirage des figures de *Gustave Doré*.
Un des 15 exemplaires (no 5) imprimés sur **papier du Japon.**

12. ARNAULT. Les Souvenirs et les regrets du vieil amateur dramatique, ou lettres d'un oncle à son neveu sur l'ancien Théâtre Français depuis Bellecour, Lekain, Brizard, Préville, Armand, etc., etc., jusqu'à Molé, Larive, Monvel, Vanhove, Fleury, etc., etc. Ouvrage orné de gravures coloriées représentant en pied, d'après les miniatures originales faites d'après nature, de Foëch, de Basle et de Whirsker. *Paris, Alphonse Leclère*, 1861, pet. in-8, veau fauve, fil., dos orné, tête dor., non rogné.

Exemplaire bien complet, contenant 49 planches coloriées.

13. ASSELINEAU (Charles). L'Enfer du Bibliophile. Six pointes sèches par Léon Lebègue. *Paris, L. Carteret et Cie*, 1905, pet. in-8, demi-rel. mar. rouge, fil., dos orné, tête dor., non rogné, couverture (*Pierson*).

Un des 100 exemplaires (n° 35) imprimés sur **papier du Japon**, contenant les figures en trois états : en couleurs dans le texte et en deux états hors texte dont l'**eau-forte pure**.

14. ASTRUC (Zacharie). Espagne. Le Généralife, sérénades et songes. Illustrations de U. Checa. *Paris, L.-H. May*, 1897, gr. in-8, demi-rel. mar. lilas, fil., dos orné, tête dor., non rogné, couvert. illust. (*Pierson*).

Un des 25 exemplaires (n° 17) imprimés sur **papier du Japon**, contenant les héliogravures en deux états.

15. AUCASSIN ET NICOLETTE, chantefable du douzième siècle, traduite par A. Bida. Révision du texte original et préface par Gaston Paris. *Paris, Hachette et Cie*, 1878, pet. in-4, mar. bleu, fil., coins et milieu ornés de compart. de mar. rouge, remplis de petits fers et ornés de guirlandes de feuillages à petits fers, dos orné et mosaïqué, doublé de mar. rouge, fil., coins ornés, tête dor., non rogné (*Allô*).

Exemplaire unique imprimé sur **peau de vélin** ; eaux-fortes de *Bida* avant la lettre.

16. AUCASSIN et NICOLETTE. Chantefable du douzième siècle, traduite par A. Bida. Révision du texte original et préface par Gaston Paris. *Paris, Hachette et Cie*, 1878, pet. in-4, cartonn. vélin à rec., non rog. (*Champs*).

Un des 25 exemplaires (n° 9) imprimés sur **papier du Japon**.

17. AUGIER (Émile). L'Aventurière, comédie en vers. Compositions de Guillaume Dubufe, eaux-fortes de A. Morse. *Paris, Calmann Lévy*, 1892, gr. in-8, dos et coins mar. citron, fil., dos orné et mosaïqué, tête dor., non rogné, couverture (*Pierson*).

Un des 50 exemplaires (n° 22) imprimés sur **papier du Japon**, contenant une double suite, tirée à part, de toutes les eaux-fortes, **avant** la lettre.

18. AUGIER (Émile). La Ciguë, comédie en vers. Compositions de Guillaume Dubufe, eaux-fortes de A. Morse. *Paris, Calmann*

Lévy, 1893, gr. in-8, dos et coins mar. vert, fil., dos orné, tête dor., non rogné, couverture (*Pierson*).

Un des 50 exemplaires (n° 22) imprimés sur **papier du Japon**, contenant une double suite, tirée à part, de toutes les eaux-fortes, avant la lettre.

19. AUGIER (Émile). Gabrielle, comédie en vers. Compositions de Guillaume Dubufe, eaux-fortes de A. Morse. *Paris, Calmann Lévy*, 1894, gr. in-8, dos et coins mar. violet, fil., dos orné, tête dor., non rog., couverture (*Pierson*).

Un des 50 exemplaires (n° 22) imprimés sur **papier du Japon**, contenant une double suite, tirée à part, de toutes les eaux-fortes, avant la lettre.

20. AUGIER (Émile). Un Homme de bien, comédie en vers. — Le Joueur de flûte, comédie en vers. — Sapho, opéra. *Paris, Calmann Lévy*, 1897, 3 vol. gr. in-8, brochés (*Couvert.*).

Exemplaires (n° 22 sur 50 ex.) imprimés sur **papier du Japon**, contenant chacun une double suite, tirée à part, de toutes les eaux-fortes avant la lettre.

Ces 3 pièces sont ornées de compositions de *Guillaume Dubufe*, gravées à l'eau-forte, par *A. Morse*.

21. AUGUSTIN (Saint). Les Confessions. Traduction nouvelle, avec introduction par Edmond Saint-Raymond. Illustrées de huit eaux-fortes composées et gravées par Adolphe Lalauze. *Paris, G. Hurtrel, s. d.*, in-8, mar. brun, jans., chiffre sur les plats, dent. int., gardes de moire maïs, tête dor., non rogné (*Allô*).

Un des 30 exemplaires (n° 6) imprimés sur **papier du Japon** ; il contient les eaux-fortes en 2, 3 ou 4 états.

22. AUMALE (Duc d'). Les Zouaves et les Chasseurs à pied. Illustrations de Charles Morel, gravées sur bois par Cl. Bellenger, Leveillé, Noel, Paillard. *Paris, pour la Société des Amis des livres, s. d.*, in-8, cartonn. demi-mar. rouge, fil., dos plat orné, tête dor., non rogné (*Couvert. illust.*).

Édition imprimée à 123 exemplaires sur papier vélin de cuve des Papeteries du Marais.

23. AVENTURES (Les) du chevalier Jaufre et de la belle Brunissendre, traduites par Mary Lafon. Illustrées de 20 belles gravures dessinées par G. Doré. *Paris, Librairie nouvelle*, 1856, gr.

in-8, mar, rouge fil., dos orné, dent. int., tête dor., ébarbé (*Pierson*).

Premier tirage.

24. AVENTURES merveilleuses de Huon de Bordeaux, pair de France, et de la belle Esclarmonde ainsi que du petit roi de féerie Auberon, mises en nouveau langage par Gaston Paris. *Paris, maison Didot, s. d.*, gr. in-4 soleil, aquarelles de Manuel Orazi, reproduites en fac-simile, dos et coins mar. grenat, fil., dos orné et mosaïqué, tête dor., non rogné (*Champs-Stroobants*).

Un des 12 exemplaires imprimés sur papier vélin d'Arches, contenant une **aquarelle originale** de **Manuel Orazi**.

25. BALADES DANS PARIS, au Moulin de la Galette, à l'Hôtel Drouot, sur les Quais, au Luxembourg. Notes inédites par MM. E.-R., Paul Eudel, B.-H. Gausseron et Adolphe Retté. *Paris, imprimé pour les Bibliophiles contemporains*, 1894, pet. in-4, mar. vert clair, fil., chiffre sur les plats, dos orné et mosaïqué, dent. int., tête dor., non rogné, couverture illust. (*Domont*).

Édition tirée à 180 exemplaires, eaux-fortes de *Bertrand* en deux états : coloriées et en noir.

26. BALZAC (H. de). Histoire de l'Empereur, racontée dans une grange par un vieux soldat. Vignettes par Lorentz, gravures par MM. Brevière et Novion. *Paris, J. Hetzel et Paulin*, 1842, in-16, dos et coins mar. vert, fil., dos orné, tête dor., non rogné, couverture illust. (*Champs*).

Premier tirage.

27. BALZAC (H. de). Histoire de l'Empereur, racontée dans une grange par un vieux soldat, préface de Henry Houssaye, eaux-fortes en couleur gravées par Adolphe Lalauze, d'après les aquarelles originales de son fils Alphonse Lalauze. *Paris, Henri Leclerc*, 1904, petit in-4, mar. vert, grand encad. de fil. orné de feuillages, d'N, d'aigles et d'abeilles, dos orné, dent. int., tête dor., non rogné, couvert. (*Pierson*).

Un des 100 exemplaires contenant les illustrations en couleurs et les figures, terminées en noir, en tirage à part.

28. BALZAC (H. de). Eugénie Grandet ; ouvrage orné de huit sujets dessinés par M. Dagnan-Bouveret et gravés à l'eau-forte par M. Le Rat. *Paris, imprimé pour les Amis des livres par Motteroz,* 1883, in-8, mar. rouge, fil. et chiffre sur les plats, dos orné, dent. int., tête dor., non rogné, couverture (*Allô*).

Édition imprimée à 120 exemplaires sur papier vélin, contenant les figures en deux états dont l'eau-forte pure.

Cet exemplaire renferme aussi les eaux-fortes en épreuves avant la lettre avec remarques sur Japon, signées par le graveur.

29. BALZAC (H. de). Le Colonel Chabert. *Paris, Calmann Lévy,* 1886, in-16, mar. rouge, fil., dos orné, dent. int., tête dor., non rogné, couverture (*Pierson*).

Un des 50 exemplaires imprimés sur papier du Japon. Il est orné, sur le faux-titre et dans les marges, de 24 **jolies aquarelles originales** de **A. Bligny**.

30. BALZAC (H. de). Le Colonel Chabert, avec un portrait et six compositions de Delort, gravées par Boisson. *Paris, Calmann Lévy,* 1886, petit in-8, mar vert, fil., chiff. sur les plats, dos orné, dent. int., tête dor., non rogné (*Allô*).

Tirage à 225 exemplaires sur papier vélin pour la Librairie Conquet.

Un des 30 exemplaires (n° 23) contenant les figures en trois états dont l'eau-forte pure.

31. BALZAC (H. de). Les Chouans. Illustrations de Julien le Blant, gravées sur bois par Léveillé (et 8 compositions de Le Blant gravées à l'eau-forte par Boilvin). *Paris, Émile Testard et Cie,* 1889, 2 vol. gr. in-8, mar. rouge, 3 fil., dos orné, dent. int., tête dor., non rogné, couverture illust. (*Champs*).

Un des 75 exemplaires (n° 46) imprimés sur papier du Japon ; il contient les eaux-fortes en quatre états et un tirage à part de tous les bois.

Grande aquarelle originale de **H. Sta** placée comme frontispice entre le faux-titre et le titre.

32. BALZAC (H. de). La Fille aux yeux d'or. Avec trente-deux aquarelles de Henri Gervex, reproduites par l'héliogravure en couleurs. *Paris, Calmann Lévy,* 1898, très gr. in-8, broché (*Couvert.*).

Édition de grand luxe tirée à 300 exemplaires (n° 50) sur papier vélin.

33. BALZAC (H. de). La Maison du Chat-qui-pelote ; préface de Francisque Sarcey. Quarante compositions de Louis Dunki, gravées sur bois par Maurice Baud. *Paris, L. Carteret et Cie*, 1899, in-8, demi rel. mar. violet foncé, fil., dos orné, tête dor., non rogné, couvert. illust. (*Pierson*).

Tirage unique à 200 exemplaires sur papier vélin du Marais.

34. BALZAC (H. de). La Grenadière. Six compositions dessinées et gravées à l'eau-forte par Ad. Lalauze. Avant-propos de Georges Vicaire. *Paris, Henri Leclerc*, 1901, in-8, dos et coins mar. lilas, fil., dos orné et mosaïqué, tête dor., non rogné, couverture (*Pierson*).

Un des 100 exemplaires imprimés sur **papier du Japon** (n° 77); avec les figures en trois états dont l'eau-forte pure.

35. BALZAC (H. de). Le Péché véniel. Compositions de Paul Avril, gravées à l'eau-forte par Edouard Léon et Raoul Serres. *Paris, Charles Bosse*, 1901, in-8, dos et coins mar. blanc, fil., dos orné, tête dor. non rogné (*Couvert.*).

Un des 65 exemplaires imprimés sur **papier du Japon** (n° 42), contenant trois états des illustrations dont l'eau-forte pure.

36. BALZAC (H. de). La Femme de trente ans. Couverture illustrée et 35 compositions par A. Robaudi, gravées au burin et à l'eau-forte par Henri Manesse. *Paris, Librairie Conquet, L. Carteret et Cie succ.*, 1902, gr. in-8, mar. brun, encad. de mar. noir orné de petits fers dor., grand compart. et milieu de filets dorés et de petits fers, mosaïqués de mar. de diverses couleurs, dos orné et mosaïqué, dent. int., doublé et gardes de faille La Vall., couverture illustrée, étui (*Gruel*).

Exemplaire de grand choix imprimé sur **papier du Japon** (n° 69), avec **deux états** des planches dont **le tirage à part** de toutes les illustrations avant la lettre.

Riche reliure de Gruel dans le style romantique.

37. BALZAC (H. de). La Belle Impéria. Conte drolatique, illustré par Edmond Malassis. *Paris, Louis Conard*, 1903, in-8, héliogravures en couleurs, mar. grenat, grand encad. de fil. droits et

courbes, de points dorés et de petits fers, dos orné, dent. int., tête dor., non rogné, couverture (*Henri-Joseph*).

Un des 150 exemplaires imprimés sur papier vélin.

Édition tirée par l'Imprimerie nationale à 170 exemplaires, compositions gravées sur bois par *Tony* et *Camille Beltrand* et en héliogravure par *Louis Mortier*.

38. BALZAC (H. de). La Vendetta. Compositions d'Adrien Moreau, gravées à l'eau-forte par Xavier Lesueur. *Paris, F. Ferroud,* 1904, in-8, mar. rouge, fil., encad. de fil. droits et courbes, angles ornés, dos orné, dent. int., tête dor., non rogné (*Pierson*).

Exemplaire imprimé sur **papier du Japon,** contenant les figures en trois états dont l'**eau-forte pure.**

Belle aquarelle originale d'Adrien Moreau, sur un feuillet placé après le faux-titre.

39. BALZAC (H. de). Les Proscrits. Dix-neuf compositions dessinées et gravées à l'eau-forte par Gaston Bussière. *Paris, A. Ferroud,* 1905, pet. in-4 carré, mar. rouge, encad. de 5 fil., dos orné, encad. int. de 6 fil., tête dor, non rogné, couverture (*Champs-Stroobants*).

Un des 40 exemplaires réimposés in-4 carré ; il est imprimé sur **papier du Japon,** et contient les eaux-fortes en trois états dont l'**eau-forte pure.**

Aquarelle originale de **Bussière,** ajoutée.

40. BALZAC (H. de). Les Joyeuzetés du Roy Loys le Unziesme. Conte drolatique illustré par Edmond Malassis. *Paris, Louis Conard,* 1907, gr. in-8 carré, br. (*Couvert. illust.*).

Édition tirée à 170 exemplaires ornés de 10 compositions gravées en couleurs par *Louis Mortier* et de 2 compositions d'encadrement gravées sur bois et tirées en couleurs.

Un des 150 exemplaires imprimés sur papier vélin.

41. BALZAC (H. de). Le Lys dans la vallée. *Paris, Louis Conard,* 1907, in-8, br. (*Couvert.*).

Édition imprimée à 200 exemplaires par l'Imprimerie nationale.

Un des 25 exemplaires tirés sur **papier du Japon,** avec le frontispice en deux états.

42. BALZAC (H. de). L'École des Ménages, tragédie bourgeoise en cinq actes et en prose, précédée d'une lettre par le Vte de Spoelberch de Lovenjoul. Édition originale illustrée d'un por-

trait d'après Bertall, décoration de A. Robaudi, gravée par Manesse. *Paris, L. Carteret,* 1907, in-8, br. (*Couvert.*).

Un des 75 exemplaires de grand luxe imprimés sur papier du Japon.

43. BANVILLE (Théodore de). Gringoire, comédie en un acte, en prose. Un portrait et quatorze compositions de J. Wagrez, gravés à l'eau-forte par L. Boisson. *Paris, L. Carteret et Cie*, 1899, in-8, demi-rel. mar. bleu, fil., dos orné, tête dor., non rogné (*Pierson*).

Un des 100 exemplaires de grand choix imprimés sur papier du Japon, contenant les eaux-fortes en trois états dont l'eau-forte pure.

44. BANVILLE (Théodore de). Les Princesses. Compositions de Georges Rochegrosse, gravées à l'eau-forte par Decisy. *Paris, F. Ferroud,* 1904, gr. in-8, mar. lilas, encad. de 7 fil, angles ornés de petits fers, dos orné, dent. int., tête dor., non rogné, couverture illust. (*Henry-Joseph*).

Exemplaire (n° 31) imprimé sur papier du Japon, contenant les eaux-fortes en trois états dont l'eau-forte pure.

45. BARBEY D'AUREVILLY (J.). Le Chevalier Des Touches ; dessins de Julien Le Blant, gravés par Champollion. *Paris, Librairie des Bibliophiles,* 1886, in-8, mar. rouge, chiff. sur les plats, dent. int., tête dor., non rogné (*Allô*).

Un des 100 exemplaires imprimés sur papier vélin de Hollande.

46. BARBEY D'AUREVILLY (J.). Le Rideau cramoisi. Eaux-fortes en couleurs de A. Rassenfosse. *Bruxelles, Edmond Deman,* 1907, gr. in-8, br. (*Couvert. illust.*).

Tirage unique à 125 exemplaires sur papier vélin.

47. BASTIDE (J.-F.). La petite Maison, préface d'Abel Patoux ; seize aquarelles dessinées et gravées en couleurs par Ad. Lalauze. *Paris, Henri Leclerc,* 1905, pet. in-4, mar. bleu foncé, encadrements à petits fers, dos orné, dent. int., tête dor., non rogné, couvert. illust. (*Pierson*).

Édition imprimée à 150 exemplaires. Celui-ci est un des 135 exemplaires contenant les planches gravées en couleurs dans le texte.

48. BAZIN (René). Les Oberlé. Aquarelles et dessins de Charles

Spindler. *Paris, Calmann Lévy, s. d.*, gr. in-8, fig. en couleurs, demi-rel. mar. bleu, fil., dos orné, tête dor., non rogné, couverture illust. (*Pierson*).

Un des 25 exemplaires (n° 19) imprimés sur **papier de Chine**; avec un tirage en noir des planches hors texte.

49. BÉDIER (J.). Le Roman de Tristan et Iseut, reconstitué d'après les poèmes français du XIIe siècle et illustré par Robert Engels. *Paris, H. Piazza et Cie*, 1900, in-4, mar. brun, encad. de fil. dor. et de fers à froid, dos orné, dent. int., tête dor., non rog., couverture illust. (*Pierson*).

Un des 25 exemplaires imprimés sur **papier du Japon**, contenant une **suite**, en bistre, **sur papier de Chine** de toutes les illustrations.

50. BERGERET (Gaston). Les Événements de Pontax. Écriture manuscrite et aquarelles originales d'Henriot, gr. in-4, en feuilles.

Manuscrit autographe d'Henriot sur papier vélin contenant **toutes les aquarelles** de cet artiste qui ont servi pour la publication décrite ci-dessous.

51. BERGERET (Gaston). Les Événements de Pontax. Écriture manuscrite et aquarelles originales d'après Henriot. *Paris, Conquet, Carteret et Cie succ.*, 1899, gr. in-8, mar. vert., comp. de fil., dos orné, dent. int., tête dor., non rogné, couvert. illust. (*Pierson*).

Un des 25 exemplaires de grand choix imprimés sur **papier du Japon**. **Grande aquarelle originale** d'**Henriot** sur le faux-titre.

52. BENTZON (Th.). Jacqueline. Illustré par Albert Lynch. *Paris, Boussod, Valadon et Cie*, 1893, in-4, mar. La Vall., branches de fleurs et papillons mosaïqués sur le premier plat et le dos, dent. int., tête dor., non rogné, couverture (*Pierson*).

Un des 20 exemplaires (n° 11) imprimés sur **papier Whatman**, contenant les planches et un frontispice spécial imprimés en couleur et **une aquarelle originale d'Albert Lynch.**

53. BÉQUET (Étienne). Marie, ou le mouchoir bleu ; notice littéraire par Adolphe Racot. Six compositions par A. de Sta, gravées par Abot. *Paris, L. Conquet*, 1884, in-18 de XXXIX et

12 ff., dos et coins mar. bleu, fil., dos orné, tête dor., non rogné (*Reymann*).

Un des 200 exemplaires (n° 42) imprimés sur **grand papier vélin**, contenant les figures en trois états, dont l'**eau-forte pure.**

54. BERGGRUEN (Oscar). 27 avril 1879. Cortège historique de la ville de Vienne, à l'occasion des noces d'argent de leurs Majestés François-Joseph Ier et Élisabeth. *Paris, A. Quantin, s. d.*, in-fol., mar. rouge, grand comp. de fil. et dentelle à petits fers, six médaillons mosaïqués sur chacun des plats contenant les armes d'Autriche, dos orné aux mêmes armes, chiffre mosaïqué sur les plats, fil. int., gardes étoffe brochée, tête dor., non rogné (*Allô*).

Édition tirée à 550 exemplaires numérotés, texte encadré, figures sur bois dans le texte et 36 héliogravures hors texte tirées sur Chine.
Exemplaire n° 1 imprimé pour M. le comte Werlé.

55. BERQUIN. Pygmalion. Scène lyrique de J.-J. Rousseau. Illustrations de Moreau le jeune. Suivi d'une idylle par Berquin. Vignettes de Marillier. Réimpression textuelle sur l'édition originale de 1775. *Paris, J. Lemonnyer*, 1883, in-4, mar. rouge foncé, fil., dos orné, large dent. int., tête dor., non rog., couvert. (*Allô*).

Un des 100 exemplaires (n° 16) imprimés sur **papier du Japon**, contenant un **tirage à part** sur Japon des vignettes du texte en double état : sanguine et bistre.

56. BERTHEROY (Jean). [Me Roy de Clotte]. Femmes antiques ; la Légende, l'Histoire, la Bible, illustrations de Bouguereau, E. Adan, Falguière, G. Rochegrosse, H. Le Roux, M. Leloir, G. Clairin, J.-P. Laurens, Ed. Toudouze, F. Lematte, gravées par E. Champollion. *Paris, L. Conquet*, 1892, in-8, dos et coins, mar. mauve, tête dor., non rogné, couverture (*Pierson*).

Un des 10 exemplaires (n° 4) imprimés sur **papier du Japon**, contenant les figures en trois états dont l'**eau-forte pure.**

57. BERTHEROY (Jean). Cypsélos l'invincible, conte grec, décoré de trente-deux compositions en couleurs par Augustin Poupart. *Paris, Henry Floury*, 1904, in-4, port. de l'auteur gravé à l'eau-

forte, cartonn. demi-mar. grenat, fil., dos orné, tête dor., ébarbé, couvert. illust. (*Pierson*).

Édition tirée à 300 exemplaires.

58. BERTRAND (Louis). Gaspard de la Nuit, fantaisies à la manière de Rembrandt et de Callot. Cinquante illustrations de J. Fontanez. *Paris, le Livre et l'Estampe*, 1903, gr. in-8, dos et coins mar. bleu, fil., dos orné, tête dor., non rogné, couverture illust. (*Pierson*).

Un des 25 exemplaires (n° 23) imprimés sur **papier ancien du Japon**, contenant deux suites des illustrations dont le **premier état**, avec remarque, plus une planche refusée, et un **dessin original** inédit de **J. Fontanez.**

59, BOCCACE (Jean). Les dix journées de Jean Boccace. Traduction de Le Maçon réimprimée par les soins de D. Jouaust. Avec notice, notes et glossaire par M. Paul Lacroix. Onze eaux-fortes par Flameng. *Paris, Librairie des bibliophiles*, 1873, 10 part. en 4 vol. in-8, mar. rouge, large dent. XVIIIe siècle à petits fers, dos orné, dent. int., tête dor., non rognés (*Tinot*).

Un des 15 exemplaires imprimés sur **grand papier de Hollande.**

60. BOCCACE (Jean). La Fiancée du roy de Garbe. Traduction d'Antoine Le Maçon, imagée et vignettée par Léon Lebègue. *Paris, H. Floury*, 1903, in-4, mar. bleu, cadre de fil. droits et courbes, et de feuilles de lierre à petits fers, dos orné, dent. int., tête dor., non rogné (*couverture illust.*).

Édition tirée à 189 exemplaires dont 129 mis dans le commerce.

Un des 12 exemplaires (n° 8) imprimés sur **papier du Japon** avec un **tirage en noir**, sur papier de Chine, de toutes les illustrations et une **aquarelle originale** de **Léon Lebègue**, non reproduite dans le volume.

61. BOILEAU-DESPRÉAUX. Œuvres poétiques. Avec une introduction et des notes par F. Brunetière. *Paris, Hachette et Cie*, 1889, in-4, figures, mar. bleu, encad. de 5 fil., chiffre sur les plats, dos orné à petits fers, dent. int., tête dor., non rogné (*Champs*).

Compositions de *Lechevalier-Chevignard, Vibert, Gérôme, Flameng, Delort, Galland, Bida, Maignan, Boulanger, Lhermitte, Le Blant, Français, J.-P. Laurens, Madeleine Lemaire, Bonnat, L.-O. Merson*, etc., gravées par

Lalauze, Levasseur, Lerat, Boilvin, Mongin, H. Lefort, Blanchard, Chauvet, Champollion, H. Toussaint, Courtry, Muller, etc.

Un des 25 exemplaires (n° 9) imprimés sur **papier du Japon**, contenant deux états des planches : **eaux-fortes pures** et épreuves avant la lettre.

62. BOREL (Petrus). Madame Putiphar. Seconde édition, conforme pour le texte et les vignettes à l'édition de 1839. Préface de M. Jules Claretie. *Paris, Léon Willem*, 1877-1878, 2 vol. in-8, dos et coins mar. citron, fil., dos orné, tête dor., non rognés (*Champs*).

Un des 50 exemplaires imprimés sur **papier Whatman**, contenant les figures en quatre états.

63. BORET (A. de). La Légende de Malborough. *Paris, Cadart et Luquet, s. d.*, in-fol., dos et coins mar. fauve, fil., tête dor., non rogné (*Champs*).

Frontispice et 20 planches gravés à l'eau-forte par *A. de Boret.*

64. BOSSUET. Oraison funèbre du grand Condé, par J.-B. Bossuet, évêque de Meaux (édit. publiée par M. Emmanuel Bocher). *Paris, Damascène Morgand et Charles Fatout*, 1879, gr. in-4, mar. noir, compart. de fers à froid, dos orné à fr., doublé de mar. gren., plats couverts de comp. de fil. droits et courbes entrelacés, tr. dor., non rogné (*Champs*).

Compositions de *Lechevallier-Chevignard*, gravées par *A. Didier*.

Un des quatre exemplaires (n° 1) imprimés sur **peau de vélin**, contenant les illustrations en quatre états : deux suites **sur peau de vélin** dont l'une avec signatures manuscrites des artistes, sur Chine et sur Hollande.

65. BOTZARÈS (Pétros). Théodora, roman tiré du drame de Victorien Sardou. Lettre préface de Victorien Sardou. *Paris, E. Flammarion, s. d.* (1902), in-12, frontispice en couleurs, demi-rel. mar. orange, fil., dos orné, tête dor., non rogné, couverture illustrée (*Pierson*).

Édition originale.

Un des 20 exemplaires imprimés sur **papier du Japon.**

66. BOUCHÉ (Jacques). Gallet et le caveau. 1698-1757. *Epernay, Bonnedame et fils*, 1883, 2 vol. pet. in-8, dos et coins

mar. vert, fil., dos orné et mosaïqué, tête dor., non rognés (*Couvert. illust.*).

37 vignettes de *F. Cornu* à mi-page.
Un des 100 exemplaires imprimés sur **papier de Chine** auquel on a ajouté les 37 **dessins originaux** à la plume de **F. Cornu.**

67. BOUCHOT (Henri). Catherine de Médicis. *Paris, Goupil et Cie*, 1899, in-4, illust. d'après les documents contemporains, mar. grenat, comp. de fil., chiffre de Catherine et armes de France sur les plats, dos orné, large dent. int., tête dor., non rogné, couverture (*Henry-Joseph*).

Exemplaire imprimé sur **papier du Japon,** contenant 2 suites des illustrations.

68. BOUFFLERS (Stanislas de). Aline, reine de Golconde. Illustré de quatorze compositions par Léon Galand, gravées à l'eau-forte par A. Delzers. Préface par Camille Mauclair. *Paris, A. Ferroud,* 1901, in-8, dos et coins mar. bleu clair, fil., dos orné, tête dor., non rogné, couverture (*Pierson*).

Exemplaire imprimé sur **papier du Japon,** contenant les eaux-fortes en trois états dont **l'eau-forte pure.**

69. BOUILHET (Louis). Melaenis. Préface de A. Join-Lambert. *Évreux, imprimerie Charles Hérissey,* 1900, gr. in-8, mar. brun, comp. de fil., ornés aux angles de roses mosaïquées, dos orné et mosaïqué, dent. int., tête dor., non rogné, couverture (*Henry-Joseph*).

Tirage unique à 140 exemplaires imprimés sur papier vélin ; aquarelles de *Paul Gervais,* gravées en couleurs par *Bertrand.*

70. BOURASSÉ. La Touraine. Histoire et monuments, publié sous la direction de M. l'abbé J.-J. Bourassé. Illustrations par Karl Girardet et Français. *Tours, A. Mame et Cie*, 1866, in-fol., mar. rouge, comp. de fil., angles et dos ornés, dent. int., gardes de moire verte, tr. dor.

71. BOURELLY (Le Général). Les Perles de la Côte d'Azur, la rivière du Cap roux au torrent Saint-Louis. Monaco. Monte-Carlo. Les Routes du littoral de la Corniche. Menton et ses environs. Aquarelles et dessins par E. Lessieux. *Paris, Renouard,*

H. Laurens, 1900, in-4, demi-rel. mar. bleu, fil., dos plat orné, tête dor., non rog., couverture (*Pierson*).

Un des 50 exemplaires imprimés sur **papier du Japon**.

72. BOURGET (Paul). Pastels. Dix portraits de femmes. Nouvelle édition, revue et corrigée par l'auteur. Illustrations de Robaudi et Giraldon. *Paris, L. Conquet,* 1895, in-8, mar. brun, fil., grand encad. de filets et de petites feuilles mosaïquées de mar. blanc, citron, bleu, milieu orné de petits filets à froid entrelacés, dos orné et mosaïqué, doublé de vélin blanc avec encad. de mar. brun, gardes de moire bleu clair, couverture, étui (*Gruel*).

Tirage unique à 200 exemplaires (n° 22), ornés de 11 aquarelles de *Robaudi,* reproduites par *Chauvet* et *Hellé* et imprimées en couleurs. Couverture, fleuron de titre, en-têtes et culs-de-lampe de *Giraldon* imprimés en couleurs.

Cet exemplaire, richement relié par *Gruel,* contient 21 **états divers** des **figures** ou **figures refusées** et le **tirage à part** sur Japon des ornements de *Giraldon.*

73. BOUTET (H.). Les Modes féminines du XIXe siècle interprétées par Henri Boutet en cent pointes-sèches, aquarellées à la main. *Paris, Éditions de la Maison d'Art, s. d.,* in-4, dos et coins mar. viol., dos orné et mosaïqué, tête dor., non rog., couvert. illust. du livre et des livraisons (*Pierson*).

Exemplaire imprimé sur **papier du Japon** (n° 16), contenant une double suite en bistre **avant la lettre**.

74. BOUTET (Henri). Les Modes féminines du XIXe siècle. Interprétées en cent pointes sèches aquarellées au pinceau, 1801-1900. Préface de Jules Claretie. *Paris, Société française d'éditions d'art,* 1902, in-4, demi-rel. mar. héliotrope, fil., dos orné et mosaïqué, tête dor., non rogné, couverture illust. (*Pierson*).

Exemplaire imprimé sur **papier vélin**.

75. BOUTET (Henri). Pointes sèches. 100 fac-simile. *Paris, Fortier-Marotte, s. d.* (1898), in-4, dos et coins mar. olive, fil., dos orné, tête dor., non rogné, couverture illustrée (*Pierson*).

Un des 50 exemplaires (n° 19) imprimés sur **papier du Japon**, contenant une double suite des figures sur **Chine** et un faux-titre à la pointe sèche signé et numéroté par l'artiste.

76. BOUTET DE MONVEL. Jeanne d'Arc. *Paris, E. Plon, Nourrit et Cie, s. d.*, in-fol. oblong, figures coloriées, dos et coins mar. bleu, fil., dos orné et fleurdelisé, tête dor., non rogné, couverture (*Pierson*).

48 planches en couleurs y compris le frontispice et le cul-de-lampe.
Exemplaire imprimé sur **papier pelure du Japon** (n°18) monté sur bristol, de format in-folio.

77. BRANTOME. Les Vies des Dames galantes, tirées des Mémoires de messire Pierre de Bourdeille, seigneur de Brantôme, d'après l'édition originale de 1666 et les copies et manuscrits de la Bibliothèque nationale, augmentées de notes critiques et historiques et d'une notice sur Brantôme par Eugène Vignon, gravures d'après H. Pille, par Champollion. *Paris, Arnaud et Labat*, 1879, 3 vol. in-8, mar. bleu très foncé, fil., dos orné, fil. dent. int., tr. dor. (*Champs*).

Un des 20 exemplaires imprimés sur **grand papier Whatman**, contenant les figures **avant la lettre**.

78. **BRILLAT-SAVARIN.** Physiologie du Goût. Préface par Ch. Monselet, eaux-fortes d'Ad. Lalauze. *Paris, Librairie des bibliophiles*, 1879, 2 vol. in-8, mar. bleu, compart. de fil. droits et courbes remplis de feuilles de laurier à petits fers, chiffre mosaïqué sur les plats, dos orné, doublé de moire cerise, large dent. int., tête dor., non rogné, couverture (*Allô*).

Un des 20 exemplaires (n° 11) imprimés sur **papier de Chine**, portrait en 2 états.
On y a joint un volume in-4, même reliure, renfermant 2 états des eaux-fortes en **épreuves d'artiste** sur Japon : **eaux-fortes pures** (premier état) et **avant lettre** avec remarques. Toutes ces épreuves sont signées par le graveur. Cette collection n'a été tirée qu'à **3 exemplaires** ainsi que le constate une note autographe d'Ad. Lalauze jointe au volume.

79. BROGLIE (Duc de). La Journée de Fontenoy. *Navarre, sous la direction d'un Amateur*, 1897, gr. in-8, mar. bleu, chiffre mosaïqué sur les plats, doublé de mar. rouge foncé avec encad. de

3 fil., fleurs de lis mosaïquées aux angles, tête dor., non rogné (*Domont*).

Très belle publication faite par les soins de M. Paul Reveilhac et tirée à 100 exemplaires (n° 2). Elle est ornée de 14 eaux-fortes gravées en couleurs par *Ad. Lalauze*, d'après ses aquarelles originales et celles de son fils *Alphonse Lalauze*. Elles sont en deux états: terminées en couleurs avec remarques et premier état en bistre.

80. CAHIERS DU CAPITAINE COIGNET (Les) (1776-1850), publiés d'après le manuscrit original par Lorédan Larchey. Illustrés par J. Le Blant. *Paris, Hachette et Cie*, 1888, in-4, mar. bleu, fil., chiffre sur les plats, dos orné, dent. int., tête dor., non rogné (*Allô*).

Exemplaire imprimé sur papier vélin.

81. CAHIERS DU CAPITAINE COIGNET (Les) (1776-1850), publiés, d'après le manuscrit original, par Lorédan Larchey, avec 84 gravures en couleurs et en noir, d'après les dessins de Julien Le Blant. *Paris, Hachette et Cie*, 1896, in-4, demi-rel. mar. brun, fil., dos orné, tête dor., non rogné, couverture illust. (*Pierson*).

Un des 40 exemplaires (n° 15) imprimés sur **papier du Japon** pour la Librairie Conquet, contenant une suite des planches hors texte gravées en taille-douce, **imprimées en couleurs** à la poupée, avec remarques de l'artiste et une seconde suite des planches tirées en noir.

82. CAHU (Théodore). Richelieu. Avant-propos de Gabriel Hanotaux. *Paris, Combet et Cie*, 1901, gr. in-4, br. (*Couvert. illust.*).

Un des 75 exemplaires (n° 18) imprimés sur **papier du Japon**. Illustrations en couleurs de *Maurice Leloir*.

83. CAIN (Georges). Croquis du vieux Paris. Illustrations et gravure sur bois de Tony Beltrand. Préface de Victorien Sardou. *Paris, Louis Conard*, 1905, in-8, dos et coins mar. brun, fil., dos orné, tête dor., non rogné, couverture illustrée (*Pierson*).

Un des 25 exemplaires (n° 25) imprimés sur **papier vélin blanc**, contenant une **suite des bois** sur Japon ancien.

84. CANTIQUE (le) DES CANTIQUES, traduit de l'hébreu par Ernest Renan. Avec 25 eaux-fortes d'Edmond Hédouin et d'Émile Boilvin, d'après les dessins de Bida. *Paris, Hachette et Cie*, 1886,

in-fol., dos et coins mar. noir, dentelle, dos orné, tête dor., non rogné.

Un des 50 exemplaires (n° 6) imprimés sur **papier du Japon.**

85. CAPPIELLO. 70 dessins de Cappiello. *Paris, H. Floury,* 1905, pet. in-fol., fig. en couleurs, demi-rel. mar. citron, tête dor., non rogné, couvert. illust. (*Pierson*).

Un des 30 exemplaires (n° 5) imprimés sur **papier du Japon,** contenant **une double suite** sur Chine de toutes les figures.

86. CAQUETS (Les) DE L'ACCOUCHÉE, publiés par D. Jouaust, avec une préface de Louis Ulbach. Eaux-fortes de Lalauze. *Paris, Librairie des Bibliophiles,* 1888, in-8, mar. La Vall., fil., dos orné, dent. int., tête dor., non rogné, couvert. (*Pierson*).

Un des 15 exemplaires imprimés sur **papier du Japon,** contenant un **tirage à part** des vignettes et culs-de-lampe.

87. CAREY (David). Life in Paris; comprising the rambles-sprees, and amours of Dick Wildfire, of corinthian celebrity and his Bang-up Companion, Squire Jenkins and Captain O' Shuffleton with the whimsical adventures of the Halibut family including Sketches of a Variety of other eccentric Characters in the french metropolis; by David Carey. *London, John Fairburn,* 1822, in-8, mar. bleu très foncé, fil., tr. dor. (*Tout*).

Édition ornée d'un frontispice et de 21 figures coloriées de *Georges Cruikshank* hors texte et de nombreuses vignettes gravées sur bois dans le texte.

Premier tirage.

88. CARICATURE (La). Journal fondé et dirigé par Ch. Philippon. *Paris, Aubert,* 1831-1833, recueil des planches des tomes 1 à 5 en 1 vol. in-4, demi-rel. bas. rouge.

Collection des 233 premières planches (moins les n°s 22, 25, 31, 34, 41, 77-78, 90-91, 106-107, 110-111, 132 *bis*, 153 *bis*).

On a joint au tome I 2 planches coloriées : « *Restauration* » par Grandville et « *Un Inamovible* » par H. Monnier.

89. CAS DE JALOUSIE (Un). Édition originale illustrée de dix-neuf lithographies par A. Lunois. *Paris, L. Conquet,* 1896, in-8,

demi-rel. mar. fauve, tête dor., non rogné, couverture (*Pierson*).

Tirage à 200 exemplaires sur **papier du Japon.**
Petite **aquarelle originale** de **A. Lunois** sur le faux-titre.

90. CAZOTTE (Jacques). Le Diable amoureux. Préface de Gérard de Nerval, sept eaux-fortes par Ad. Lalauze. *Paris, Librairie des bibliophiles,* 1883, pet. in-8, mar. grenat. encad. de fil. droits et courbes et de petits fers, chiffre sur les plats, dos orné, dent. int., tête dor., non rogné (*Allô*).

Un des 20 exemplaires imprimés sur **papier de Chine**, contenant les eaux-fortes en deux états sur Chine. On y a ajouté la suite en **épreuves d'artiste** en trois états : **eau-forte pure**, avant lettre, avec remarques, sur Japon et l'avant lettre avec remarques sur Hollande. Ces 3 suites, signées par le graveur, n'ont été tirées qu'à 4 exemplaires.

91. CENT NOUVELLES NOUVELLES (Les dix dizains des), réimprimées par les soins de D. Jouaust, avec notice, notes et glossaire par M. Paul Lacroix, dessins gravés de Jules Garnier. *Paris, Librairie des Bibliophiles,* 1874, 4 vol. in-8, mar. vert, fil. et dent. à petits fers, chiffre sur les plats, dos orné, dent. int., tête dor., non rognés (*Tinot, rel. à Reims*).

Un des 170 exemplaires imprimés sur **grand papier de Hollande.**

92. CHAMPEVILLE (Paul de). Les Rebelles, pièce en trois actes. Nouvelle édition, illustrée de onze compositions par A. Robaudi, gravées au burin et à l'eau-forte par H. Manesse. *Paris, A. Bélinac,* 1903, in-8, demi-rel. mar. chaudron, fil., dos orné et mosaïqué, tête dor., non rogné, couvert. (*Champs*).

Tirage unique à 100 exemplaires (n° 5) imprimés sur **papier du Japon** impérial, contenant les eaux-fortes en trois états dont l'**eau-forte pure.**

93. CHAMPFLEURY. Le Violon de faïence, dessins en couleur par Émile Renard, de la Manufacture de Sèvres, eaux-fortes par M. J. Adeline. *Paris, E. Dentu,* 1877, pet. in-8, dos et coins mar. orange, fil., dos orné, tête dor., non rogné (*Champs*).

Un des quelques exemplaires imprimés sur **papier vélin fort**, contenant les eaux-fortes en deux états : **avant la lettre** sur Chine collé et avec la lettre.

94. CHAMPFLEURY. Le Violon de faïence ; illustré de 34 eaux-

fortes de Jules Adeline. Avant-propos de l'auteur. *Paris, L. Conquet,* 1885, pet. in-8, cartonnage souple en mar. bleu, tête dor., non rogné (*Couvert. illust.*).

Un des 25 exemplaires imprimés sur **papier du Japon**, contenant les figures en trois états dont l'**eau-forte pure**.

95. CHANSONNIER NORMAND. Préface de Joseph de l'Hopital, table historique de A. Join-Lambert, décoration de Ad. Giraldon. *Paris, aux dépens de la Société normande du livre illustré,* 1905, très grand in-8, demi-rel. mar. vert, tête dor, non rogné, couverture illustr. (*Pierson*).

Édition tirée à 125 exemplaires.

96. CHATEAUBRIAND. Les Aventures du dernier Abencerage. Portrait d'après David d'Angers, interprété par Florian, 43 illustrations de Daniel Vierge, gravées par Florian. *Paris. Édouard Pelletan,* 1897, in-4, mar. brun, janséniste, chiffre mosaïqué sur les plats, doublé de mar. lilas, grand portique, angles ornés à petits fers, tête dor., non rogné, couverture illust. (*Champs*).

Un des 15 exemplaires imprimés sur Japon ancien, contenant les figures en trois états dont deux (sur Chine et sur Japon) signés par le graveur.
Aquarelle originale de **Daniel Vierge.**

97. CHATEAUBRIAND. Les Aventures du dernier Abencerage. Portrait d'après David d'Angers, interprété par Florian, 43 illustrations de Daniel Vierge, gravées par Florian. *Paris, Édouard Pelletan,* 1897, gr. in-8, mar. grenat, 3 fil., dent. int., tête dor., non rog. (*Henry-Joseph*).

Un des 15 exemplaires imprimés sur **papier du Japon**, contenant **le tirage à part, sur Chine**, de toutes les figures.

98. CHEFS-D'ŒUVRE DU ROMAN CONTEMPORAIN. Illustrations de A. Fourié, Jeanniot, Le Blant, A. Marie, Ed. Rudaux, A. Poirson, S. Rejchan, Lynch, Weisz, Mouchot, A. Sandoz, G. Caïn, gravées par Abot, Mordant, Muller, Toussaint, Wallet, Louveau-Rouveyre, G. Mercier, Daumont, Duvivier, Manesse, Méaulle, Champollion, Gaujean, Géry-Bichard. *Paris, A. Quantin,* 1885-1889, 11 vol. gr. in-8, dont 10 rel. mar. rouge, bleu, vert, gren., comp. de fil., chiffre sur les plats, dos orné,

dent. int., tête dor., non rognés (*Allô*) et 1 vol. dos et coins mar. bleu, non rog.

Balzac (H. de). Le père Goriot, 1885. — La cousine Bette, 1888. — Bernard (Ch. de). Gerfaut, 1889. — Claretie (J.). Monsieur le ministre, 1886. — Feuillet (O.). Monsieur de Camors, 1885. — Flaubert (G.). Mme Bovary, 1885. — Salammbô, *s. d.* — Goncourt (Edm. et J. de). Germinie Lacerteux, 1886. — Lamartine. Raphaël, *s. d.* — Sand (G.). Mauprat, 1886. — La Mare au diable, 1889.

Exemplaires (nos 1) imprimés sur papier du Japon contenant deux suites des gravures : avant la lettre sur Japon et avec la lettre sur Hollande. *Gerfaut* renferme les avant lettre et l'eau-forte pure sur Japon.

99. CHÉNIER (André). Les Bucoliques. Publiées d'après le manuscrit original, dans un ordre nouveau, par José-Maria de Hérédia. *Paris, imprimé pour Charles Meunier*, 1905, gr. in-8, cartonn. veau racine rouge orange et portant, sur le premier plat, encastrée dans le cartonnage, la plaquette en bronze de Denys Puech *la Muse de Chénier*, non rogné (*Couvert. illust.*).

Un des 150 exemplaires imprimés sur papier vélin du Marais, contenant trois suites des lithographies de *Fantin Latour*.

100. CHERVILLE (G. de). Les Chiens et les Chats d'Eugène Lambert avec une lettre-préface d'Alexandre Dumas et notes biographiques par Paul Leroix. Ouvrage illustré de 6 eaux-fortes et 145 dessins par Eugène Lambert. *Paris, à la Librairie de l'art*, 1888, in-4, dos et coins mar. gris, fil., dos orné, tête dor., non rogné, couverture illust. (*Pierson*).

Un des 100 exemplaires (no 10) imprimés sur papier du Japon, contenant les eaux-fortes en deux états.

101. CHEVIGNÉ (Comte de). Les Contes rémois. Dessins de Meissonier. Troisième édition. *Paris, Michel Lévy frères*, 1858, in-8, 2 port. et vignettes, dos et coins de mar. rouge, fil., tête dor., non rog.

Premier tirage des figures de *Meissonier*.

Un des 40 exemplaires imprimés sur papier de Hollande avec les 2 portraits et les figures tirées sur papier de Chine.

102. CHEVIGNÉ (Comte de). Les Contes rémois, par M. le comte de C... Dessins de E. Meissonier. Troisième édition. *Paris, Mi-*

chel Lévy, 1858, in-8, 2 port. et vignettes, dos et coins mar. bleu, fil., dos orné, tête dor., non rog. (*Thomas*).

Premier tirage des figures de *Meissonier*.

Exemplaire imprimé sur **grand papier vélin.**

On y a joint la suite des 30 figures de *Perlet* hors texte, **avant la lettre** sur Chine.

A la suite de l'épilogue, entre les pp. 236 et 237, se trouve un conte en vers, manuscrit « le Collin Maillard assis », ce conte est accompagné d'une figure de *Perlet*, du même état que les figures plus haut.

103. CHEVIGNÉ (Comte de). Les Contes rémois. Dessins de E. Meissonier. *Paris, Michel Lévy frères*, 1858, in-8, 2 port. et vignettes, demi-rel. chag. vert, plats toile, encad. de fil. dor. et à froid, dos orné, dent. int., tête dor. (*Rel. de l'époque*).

Premier tirage des figures de *Meissonier*.

Exemplaire imprimé sur **grand papier vélin.**

104. CHEVIGNÉ (Comte de). Les Contes rémois. Dixième édition, ornée d'un nouveau portrait, gravé à l'eau-forte par Flameng. *Paris, A. Lemerre*, 1873, in-8, mar. La Vall., comp. de fil., angles ornés, dos orné, dent. int., tête dor., non rogné, couverture (*Pierson*).

Un des 20 exemplaires imprimés sur **grand papier Whatman.** Il est orné sur les faux-titres et dans les marges de 242 **aquarelles et dessins originaux** de **E. Chabod.**

105. CHEVIGNÉ (Comte de). Les Contes rémois, douzième édition, précédée de la Muse champenoise, par Louis Lacour. Dessins de Jules Worms, gravés à l'eau-forte par Paul Rajon. *Paris, Librairie des bibliophiles*, 1877, in-8, mar. grenat, fil., dos orné, dent. int., tête dor., non rogné (*Champs*).

Un des 20 exemplaires imprimés sur **papier de Chine**, contenant les figures en deux états : **avant** et avec la lettre.

106. CHRONIQUE SCANDALEUSE (La), publiée par Octave Uzanne, avec préface, notes et index. *Paris, A. Quantin*, 1879, gr. in-8, mar. citron, encad. de 6 fil., angles et dos ornés, dent. int., tr. dor. (*Champs*).

Un des 50 exemplaires imprimés sur **papier de Chine**, contenant le frontispice de *Lalauze* en deux états : en sanguine avant la lettre et en noir avec la lettre.

107. CHRONIQUEURS DE L'HISTOIRE DE FRANCE (Les) depuis les origines jusqu'au XVIe siècle. Texte abrégé, coordonné et traduit par Mme de Witt, née Guizot. I. De Grégoire de Tours à Guillaume de Tyr. II. De Suger à Froissart. III. De Froissart à Monstrelet. IV. De Monstrelet à Commines. Planches en chromolithographie. Grandes compositions tirées en noir et nombreuses gravures d'après les monuments et les manuscrits de l'époque. *Paris, Hachette et Cie, 1883-1886*, 4 vol. — FROISSART. Les Chroniques de J. Froissart. Édition abrégée avec texte rapproché du français moderne, par Mme de Witt, née Guizot. Ouvrage contenant 11 planches en chromolithographie, 12 lettres et titres imprimés en couleurs, 2 cartes, 33 grandes compositions tirées en noir et 252 gravures, d'après les monuments et les manuscrits de l'époque. *Paris, Hachette et Cie*, 1881, 1 vol. — Ens. 5 vol. tr. gr. in-8., mar. bleu, plats et dos fleurdelisés, armes de Louis XII sur les plats, dent. int., gardes en étoffe brochée et moire fauve, tête dor., non rogné (*Allô*).

Un des 25 exemplaires (n°s 10) imprimés sur **papier du Japon.**

108. CLARETIE (Jules). Le Drapeau. Édition illustrée de gravures hors texte, par A. Neuville, de gravures sur bois, d'après les dessins d'Edmond Morin et du portrait de l'auteur gravé à l'eau-forte par A. Gilbert. *Paris, Georges Decaux, Maurice Dreyfous*, 1879, gr. in-8, dos et coins mar. rouge, fil., dos orné, tête dor., non rogné (*Champs*).

Un des 40 exemplaires (n° 36) imprimés sur **papier Whatman**, contenant les gravures hors texte en deux états : sur Chine et sur Whatman.

109. CLARETIE (Jules). Le Drapeau. *Paris, Calmann Lévy*, 1886, in-16, dos et coins mar. rouge, fil., dos orné, tête dor., non rogné (*Pierson*).

Un des 25 exemplaires imprimés sur **papier du Japon** ; il est orné dans les marges de 29 jolies petites **aquarelles originales** de Sta.

110. CLARETIE (Jules). Le Drapeau. *Paris, Calmann Lévy*, 1886, pet. in-8°, mar. bleu foncé, chiffre mosaïqué sur les plats, dos orné et mosaïqué, dent. int., tête dor., non rogné (*Allô*).

Tirage à 225 exemplaires sur **papier vélin** fait pour la Librairie Conquet ;

ils sont ornés d'un frontispice et de 12 vignettes gravés par *Clapès* d'après *Kauffmann*.

Un des 30 exemplaires (n° 2) contenant les figures en trois états dont l'eau-forte pure.

111. CLARETIE (Jules). La Canne de M. Michelet, promenades et souvenirs. Préface par Alfred Mézières. Douze compositions de P. Jazet, gravées à l'eau-forte par H. Toussaint. *Paris, L. Conquet*, 1886, in-8, mar. grenat foncé, compart. de fil., angles et dos ornés, dent. int., tête dor., non rogné, couverture (*Pierson*).

Un des 30 exemplaires (n° 1) imprimés sur **papier du Japon**, contenant les figures en trois états, dont l'eau-forte pure.

Il est orné sur le faux-titre d'une **aquarelle originale** de **P. Jazet.**

112. CLARETIE (Jules). La Canne de M. Michelet, promenades et souvenirs. Préface par Alfred Mézières. Douze compositions de P. Jazet, gravées à l'eau-forte par H. Toussaint. *Paris, L. Conquet*, 1886, gr. in-8, mar. brun, encad. de 3 fil., milieu et coins ornés de feuilles de chêne et de laurier à petits fers azurés, chiffre mosaïqué, dos orné, doublé de moire rouge, large dent. int., tête dor., non rogné (*Allô*).

Un des 8 exemplaires tirés sur **grand papier vélin** avec les figures en trois états, et non mis dans le commerce.

On y a joint un volume in-4, même reliure, contenant les **12 aquarelles originales** de **Jazet**, accompagnées des figures en **épreuves d'artiste**, tirées in-4 sur vélin teinté et Hollande en 2, 3, 4 ou 5 états.

113. CLARETIE (Jules). Bouddha. 1 frontispice et 10 vignettes dessinés par Robaudi, gravés par A. Nargeot. *Paris, L. Conquet*, 1888, in-18, dos et coins mar. brun, fil., dos orné, tête dor., non rogné, couverture (*Pierson*).

Un des 25 exemplaires (n° 9) imprimés sur **papier du Japon**, contenant les eaux-fortes en trois états dont **l'eau-forte pure**.

114. CLARETIE (Jules). Explication. Illustrée par A. Robida. *Paris, Librairie illustrée*, 1894, in-4, cartonn. mar. vert, dos orné, tête dor., non rogné, couverture illust. (*Pierson*).

Un des 50 exemplaires (n° 14) imprimés sur **papier du Japon**.

115. CLARETIE (Jules). La Corde. Illustrations de Ch. Jouas, gravées par Boisson. *Paris, imprimé pour les Amis des livres,*

1901, pet. in-8, demi-rel. mar. grenat., fil., dos orné, tête dor., non rogné, couverture (*Pierson*).

Édition imprimée à 125 exemplaires sur papier vélin, contenant les eaux-fortes tirées sur Chine collé.

116. CLÉMENCEAU (Georges). Figures de Vendée. 52 eaux-fortes originales de Charles Huard. *Paris, Collection provinciale publiée par Maurice Méry*, 1903, pet. in-4, cartonn. demi-mar. La Vall., fil., dos orné, tête dor., non rogné, couverture (*Pierson*).

Exemplaire imprimé sur papier vélin de Rives.

117. PETITE COLLECTION ANTIQUE. *Paris, A. Quantin*, 1878-1887, 13 vol. in-32, mar. de diverses couleurs, fil., dos orné, tête dor., non rognés ou tr. dor. (*Allô*).

Anacréon et Sapho. Poésies. Traduction en vers de M. de la Roche-Aymon. Illustrations de P. Avril. — **Apulée.** L'Amour et Psyché, grav. d'après Natoire. Notices par A. Pons. — **Horace.** Odes et Épodes. Traduction nouvelle du comte Seguier, gravures de Méaulle. — **Longus.** Daphnis et Chloé, grav. de Scott. Notices par A. Pons. — **Lucien.** Dialogues des courtisanes. Traduction et notices par A.-J. Pons. Illustrations par H. Scott et F. Méaulle. — **Lucius.** L'Ane. Traduction de Paul-Louis Courier. Illustrations de Poirson. — **Musée.** Héro et Léandre. Dessins de Pfnor, gravures de Méaulle, notices par A. Pons. — **Ovide.** Les Amours. Traduction du Cte de Séguier, gravures de Méaulle, dessins de Meyer. — **Properce.** Les Élégies. Traduction en vers de M. de La Roche-Aymon. Dessins de Besnier, gravures de Méaulle. — **Tatius** (A.). Leucippe et Clitophon, gravures de Méaulle, traduction de A. Pons. — **Apollonius de Rhodes.** Jason et Médée, gravures de Méaulle, traduction et notices de A. Pons. — **Théocrite.** Les Idylles. Traduction de J.-A. Guillet, gravures de Méaulle, 1884. — **Virgile.** Les Bucoliques. Traduction d'André Lefèvre, illustrations d'Auguste Leloir.

Un des 50 exemplaires (n° 1) imprimés sur papier du Japon.

118. COLLECTION (de la) DE L'ACADÉMIE DES GONCOURT. *Librairie de la collection des Dix, A. Romagnol, Paris, s. d.*, 10 vol. gr. in-8, brochés et rel. (*Couvert. illust.*).

Bourges (Élémir). L'Enfant qui revient. Illustré par Louis Malteste, figures en couleurs. — **Daudet** (Alphonse). La comtesse Irma. Illustrations et gravures en couleurs de Pierre Vidal, dos et coins mar. gris, fil., dos orné, tête dor., ébarbé (*Pierson*). — **Daudet** (Léon). Un Sauvetage. Illustrations de Ch. Fouqueray reproduites en couleurs par Fortier-Marotte. — **Geffroy** (Gustave). La Servante. Illustrations de Géo-Dupuis gravées sur bois. — **Goncourt** (Edm. et J. de). Les Aventures du jeune baron de

Kinfausen. Illustrations et gravures de Louis Morin, dos et coins mar. citron, fil., dos orné, tête dor., non rogné (*Pierson*). — **Hennique** (Léon). Benjamin Rozes. Illustrations et gravures de Vadasz, demi-rel. mar. brun fil., dos mosaïqué, tête dor., non rogné (*Pierson*). — **Huysmans** (J.-K.). Le Quartier Notre-Dame. Illustrations et gravures de Ch. Jouas ; dos et coins mar. brun, fil., dos orné et mosaïqué, tête dor., non rogné (*Champs-Stroobants*). — **Margueritte** (Paul). A la Mer. Illustrations de Henri A. Zo, gravées sur bois par Gaspé, Piselli, etc., dos et coins mar. vert, fil., dos orné et mosaïqué, tête dor., non rog. (*Champs*). — **Mirbeau** (Octave). Dans l'antichambre (Histoire d'une minute). Illustrations d'Edgar Chahine, dos et coins mar. rouge foncé, fil., dos plat orné et mosaïqué, tête dor., non rog. (*Champs Stroobants*). — **Rosny** (J.-H.). Bérénice de Judée. Illustrations de Léonce de Joncières, gravées à l'eau-forte par Bussière, Massard, Pennequin et Thévenin, dos et coins mar. gren., fil., dos orné et mosaïqué, tête dor., non rogné (*Champs-Stroobants*).

Un des 20 exemplaires imprimés sur **papier du Japon**, contenant les figures en plusieurs états.

119. COLLECTION DES PETITS CLASSIQUES FRANÇOIS publiée par Charles Nodier et N. Delangle. *Paris, N. Delangle*, 1825-1828, 10 vol. in-18, mar. rouge, fil., dos orné, dent. int., tr. dor. (*Hardy*).

Aceilly (Chevalier d'). Diverses petites poésies. — **Bessé** (Henri de). Relation des Campagnes de Rocroi et de Fribourg. — **Fénelon.** Fables de Fénelon. — **La Sablière.** Madrigaux. — **Guirlande de Julie** (La) offerte à Mademoiselle de Rambouillet par M. de Montausier. — **Retz** (Cardinal de). Conjuration du Comte de Fiesque. — **Sarrazin.** Œuvres choisies. — **Sénecé.** Œuvres choisies. — Voyage de Chapelle et de Bachaumont.

Exemplaire du comte de La Bedoyère, un des 6 imprimés sur **papier de Chine**. On y a ajouté : *Poésies de Madame Évelines Desormery, recueillies et publiées par M. Delangle*. Paris, M. Delangle frères, 1828, in-18, même reliure, imprimé sur papier de Hollande.

120. CONSTANT (Benjamin). Le « Cahier rouge » de Benjamin Constant, publié par L. Constant de Rebecque. *Paris, Calmann Lévy, s. d.*, pet. in-8, br. (*Couvert.*).

Exemplaire imprimé sur **papier du Japon**.

121. CONTES ET NOUVELLES en vers ; par Voltaire, Vergier, Sénecé, Perrault, Moncrif, le P. Ducerceau, Grécourt, St Lambert, Champfort, Piron, Dorat, La Monnoye, et François de Neufchâteau. — Le Fond du sac, recueil de contes en vers (par

Nogaret). *Rouen, chez J. Le Monnyer,* 1878-1879. 4 vol. pet. in-8, fig. à mi-page, mar. grenat, fil., dos orné, large dent. int., tr. dor. (*Champs*).

Un des 50 exemplaires imprimés sur **papier de Chine.**

122. COPPÉE (François). Œuvres de François Coppée. Poésies, 1864-1872. Eaux-fortes par E. Boilvin. *Paris, Alphonse Lemerre,* 1883, in-4, mar. rouge, jans., chiffre sur les plats, dent. int., tête dor., non rogné (*Allô*).

Un des 50 exemplaires imprimés sur **papier Whatman**; contenant les eaux-fortes en deux états **avant la lettre**, sur Japon et sur Whatman.

123. COPPÉE (François). Illustrations de François Flameng pour les Œuvres de Fr. Coppée. Édition Hébert. En 1 vol in-fol., dos et coins mar. noir, tête dor., ébarbé.

Portrait de François Coppée et 12 figures sur Chine montées sur bristol in-folio, épreuves en trois états : **eau-forte pure**, avant et avec la lettre.

124. COPPÉE (François). Henriette. *Paris, Alphonse Lemerre,* 1889, in-12, dos et coins mar. violet, fil., dos orné, tête dor., non rogné, couverture (*Pierson*).

Édition originale.

Un des 5 exemplaires (n° 1) imprimés sur **papier du Japon**. Celui-ci est orné dans les marges de 76 **aquarelles** ou **dessins originaux d'Henriot.**

125. COPPÉE (François). Le Passant. Comédie en un acte en vers, reproduction en fac-simile du manuscrit de l'auteur et d'une page de musique de J. Massenet. Compositions de Louis-Édouard Fournier, eaux-fortes de Léon Boisson. *Paris, Armand Magnier,* 1897, gr. in-8, mar. olive, jans., chiffre mosaïqué sur les plats, doublé de mar. rose orné de fers azurés, tête dor., non rogné, couverture (*Champs*).

Un des 15 exemplaires (n° 11) imprimés sur **papier du Japon**, contenant **quatre états** des eaux-fortes, dont **l'eau-forte pure.**

126. COPPÉE (François). Le Passant. Comédie en un acte en vers; reproduction en fac-simile du manuscrit de l'auteur et d'une page de musique de J. Massenet. Compositions de Louis-Édouard Fournier, eaux-fortes de Léon Boisson. *Paris, Armand*

Magnier, 1897, gr. in-8, mar. gris, fil., plats ornés et mosaïqués, dos orné, encad. int., tête dor., non rogné, couvert. illustr., (*Pierson*).

Un des 38 exemplaires imprimés sur **papier de Chine**, contenant les eaux-fortes en **quatre états**.

127. COPPÉE (François). La bonne souffrance. *Paris, Alphonse Lemerre,* 1898, in-12, mar. grenat, fil., dos plat orné et mosaïqué, dent. int., tête dor., non rogné, couverture (*Champs-Stroobants*).

Édition originale.

Un des 25 exemplaires imprimés sur **papier de Hollande**. Celui-ci est orné dans les marges et sur les faux-titres de 54 **aquarelles originales** de **Jane Labrousse.**

On y a joint une lettre de Coppée relative aux aquarelles et adressée à Madame Jane Labrousse.

128. COSSERET (Paul). Le livre des Fleurs. Ouvrage orné de 80 compositions en couleurs par Fraipont, dont 20 hors texte, gravées sur bois par Lemoine. *Paris, Charles Tallandier, s. d.,* in-4, dos et coins mar. vert clair, fil., dos orné, tête dor., non rogné, couverture illust. (*Pierson*).

Un des 20 exemplaires (n° 11) imprimés sur **papier du Japon**, contenant **une suite sur Chine** des fumés des bois et un des 20 **lavis originaux** de **Fraipont.**

129. COSTUMES HISTORIQUES des XVIe, XVIIe et XVIIIe siècles, dessinés par E. Lechevallier-Chevignard, gravés par A. Didier, L. Flameng, etc., etc., avec un texte historique et descriptif par Georges Duplessis. *Paris, Librairie centrale des Beaux-Arts de A. Lévy,* 1867, 2 vol. in-4, mar. grenat, encad. de 2 fil. à froid, large dent. int., tr. dor. (*Lortic*).

Exemplaire imprimé sur **peau vélin**, contenant les **cent cinquante dessins originaux** à l'aquarelle de *Lechevallier-Chevignard.*

130. COURTELINE (Georges). La Vie de caserne. Compositions originales de Henry Dupray. *Paris, Émile Testard,* 1896, gr. in-8, demi-rel. mar. rouge, fil., dos orné, tête dor., non rogné, couverture illust. (*Pierson*).

Un des 50 exemplaires (n° 5) imprimés sur **papier du Japon**, contenant une triple suite des eaux-fortes.

131. DAUDET (Alphonse). Numa Roumestan, mœurs parisiennes. *Paris, G. Charpentier*, 1881, in-12, cartonn. dos et coins mar. rouge, non rogné, couverture (*Champs*).

Édition originale.

Exemplaire imprimé sur **papier de Hollande** ; il est orné dans les marges de 36 **aquarelles** non signées.

132. DAUDET (Alphonse). Tartarin sur les Alpes. Nouveaux exploits du héros tarasconnais. Illustré d'aquarelles par Aranda, de Beaumont, Montenard, de Myrbach, Rossi. Gravures de Guillaume frères. *Paris, Calmann Lévy*, 1885, in-8, mar. vert clair, fil., dos orné, dent. int., tête dor., non rogné (*Allô*).

Un des 100 exemplaires imprimés sur **papier du Japon** ; avec le portrait d'Alphonse Daudet.

133. DAUDET (Alphonse). Sapho. Mœurs parisiennes. *Paris, G. Charpentier et Cie*, 1884, in-12, mar. citron, fil., dos orné, dent. int., tête dor., non rog., couverture (*Pierson*).

Édition originale.

Exemplaire imprimé sur **papier de Hollande**, orné dans les marges et sur le faux-titre de 56 **aquarelles originales** de **A. Lynch.**

134. DAUDET (Alphonse). Fromont jeune et Risler aîné, mœurs parisiennes. Notice littéraire par Gustave Geffroy. Douze compositions d'Em. Bayard, gravées à l'eau-forte par J. Massard. *Paris, Conquet*, 1885, 2 vol. in-8, mar. rouge, large dent. à petits fers, chiffre mosaïqué sur les plats, dos orné, tête dor., non rog. (*Allô*).

Un des 25 exemplaires (n° 22) imprimés sur **papier du Japon**, contenant les eaux-fortes en trois états dont l'**eau-forte pure**.

135. DAUDET (Alphonse). La Défence de Tarascon. Seize aquarelles d'après Draner. *Paris, L. Conquet*, 1886, in-16, demi-rel. mar. La Vall., tête dor., non rogné, couvert. illust. (*Pierson*).

Édition non mise dans le commerce.

Exemplaire imprimé sur **papier du Japon** contenant les figures coloriées.

136. DAUDET (Alphonse). Sapho. Compositions d'Auguste-François Gorguet, gravures à l'eau-forte de Louis Muller. *Paris,*

Armand Magnier, 1897, gr. in-8, demi-rel. mar. La Vall., fil., dos orné et mosaïqué, tête dor., non rog., couvert. illust. (*Pierson*).

Un des 12 exemplaires (n° 11) imprimés sur **papier du Japon**, contenant les figures hors texte en **quatre états** et les figures du texte en **trois états**.

137. DAUDET (Alphonse). Sapho. Compositions d'Auguste-François Gorguet, gravures à l'eau-forte de Louis Muller. *Paris, Armand Magnier*, 1897, in-8, broché (*Couvert. illust.*).

Un des 38 exemplaires (n° 33) imprimés sur **papier de Chine** extra fort, contenant une **triple suite** de toutes les illustrations dans le texte et une **quadruple suite** des illustrations hors texte.

138. DAUDET (Alphonse). Le Roman du Chaperon-Rouge. Neuf lithographies originales de Louis Morin. *Paris, Carteret et Cie*, 1903, in-8, demi-rel. dos et coins mar. rouge, fil., dos orné, tête dor., non rog., couvert. illust. (*Pierson*).

Un des 100 exemplaires imprimés sur **papier vélin**, non mis dans le commerce, contenant les figures en deux états : en noir et en couleurs.

139. DAUDET (Alphonse). Lettres de mon moulin. Illustrations de José Roy et G. Fraipont. *Paris, E. Flammarion*, 1904, in-4, fig. en couleurs hors texte et figures gravées sur bois dans le texte, mar. olive. encad. de 6 fil., dos orné et mosaïqué, comp. de fil. int. mosaïqués, tête dor., non rogné, couverture illustrée (*Champs-Stroobants*).

Édition de grand luxe tirée à 75 exemplaires sur **papier de Chine** pour la librairie Conquet (L. Carteret et Cie, successeurs). Les figures en couleurs, hors texte, sont en deux états : avant la lettre avec remarques, sur Japon et sur vélin.

140. DAUMIER. Œuvre de Daumier comprenant 3 334 planches, montées sur bristol bleu et reliées en 32 vol. in-fol. demi-toile grise.

Ces volumes renferment :

I. 3 323 planches extraites du *Charivari* parmi lesquelles nous citerons : *Actualités politiques, scènes de mœurs*, 977 pl. — *Les Baigneurs*, 32 pl. — *Les Bas bleus*, 40 pl. — *Bohémiens de Paris*, 28 pl. — *Les bons Bourgeois*, 82 pl. — *Canotiers parisiens*, 20 pl. — *Les Chemins de fer*, 21 pl. — *Croquis aquatiques*, 20 pl. — *Croquis d'expression*, 50 pl. — *Croquis dramati-*

ques, 22 pl. — *Croquis parisiens*, 93 pl. — *Croquis de chasse*, 40 pl. — *En Chine*, 27 pl. — *Étrangers à Paris*, 20 pl. — *L'Exposition universelle*, 41 pl. — *Gens de justice*, 38 pl. — *Locataires et propriétaires*, 46 pl. — *Les Philantropes du jour*, 34 pl. — *Professeurs et moutards*, 28 pl. — *Proverbes et maximes*, 12 pl. — *Représentants représentés*, 87 pl. — *Robert Macaire*, 88 pl. — *Tout ce qu'on voudra*, 73 pl. — *Voyage en Chine*, 32 pl. — Vignettes extraites de divers livres, etc., etc.

Toutes ces planches, éparpillées dans le *Charivari*, sont réunies ici par séries ;

II. 94 planches publiées dans la *Caricature* et dans *la Caricature provisoire*, parmi lesquelles 11 sont tirées sur Chine et 9 coloriées ;

III. L'*Ane et les deux voleurs*, épreuve du 3e état ;

IV. 16 grandes lithographies réunies dans un volume gr. in-fol. oblong :

3 planches extraites du *Charivari* : *Le Carnaval* (Delteil. 543). — *Le grand défilé* (D. 2870). — *Grrrand déménagement du Constitutionnel* (D. 459).

8 planches de la *Caricature*.

1° *Quelle sale représentation, mon Dieu* (*Caricature*, n° 241, pl. 500-501) ;

2° *Primo saignare deinde purgare*... (n° 161, pl. 337-338, coloriée) ;

3° *Cortège du commandant général des apothicaires* (C. n° 143, pl. 299-300, coloriée) ;

4° *La Cour du roi Petaud* (C. n° 94, pl. 192-193, coloriée) ;

5° *Le Charenton ministériel* (C. n° 83, pl. 166-167, coloriée) ;

6° *Juges des accusés d'avril* (C. n°s 243, 247, 248, pl. 504 à 506, 513 à 515, 516-517).

Les 5 dessins de l'*Association mensuelle* (D. 306 à 310) : *Le Ventre législatif*. — *Très hauts et très puissants moutards et moutards légitimes*. — *Ne vous y frottez pas*. — *Enfoncé Lafayette... attrape mon vieux*. — *Rue Transnonain. Le 15 avril 1834*.

141. DAYOT (Armand). Le Vertige de la beauté. Soixante-douze compositions de Charles Jouas, gravées sur bois par Eugène Dété. Douze hors texte en camaïeu. *Paris, Eug. Dété*, 1906, in-8, dos et coins mar. bleu, fil., dos orné, tête dor., non rog., couvert. illust. (*Champs-Stroobants*).

Un des 100 exemplaires imprimés sur papier vélin.

142. DE FOE (Daniel). Étranges aventures de Robinson Crusoe, traduction de l'édition princeps (1719) avec une étude sur l'auteur par Battier. Frontispice et 7 planches dessinés et gravées par Jules Fresquet, Legenisel, Paquien, Ramus ; lettres, fleurons, culs-de-lampe, par L. M. *Paris, Jules Bonnassies*,

1877, pet. in-8, mar. bleu, fil., dos orné, dent. int., tête dor., non rogné (*Champs*).

Un des 10 exemplaires (n° 7) imprimés sur papier du Japon, contenant les figures en deux états.

143. DELMET (Paul). Chansons de femmes. Poésies de H. Bernard, Th. Botrel, M. Boukay, L. Forest, J. Madeleine, etc. Préface d'Armand Silvestre. Lithographies de Steinlen. *Paris, Enoch et Ollendorff, s. d.*, gr. in-8, mar. La Vall., fil., chiff. sur les plats, dos orné, encad. int., tête dor., non rogné, couvert. illust. (*Stroobants*).

Un des 50 exemplaires (n° 48) imprimés sur papier du Japon.

144. DELVAU (Alfred). Les Heures parisiennes. 25 eaux-fortes d'Émile Besnassit. *Paris, Librairie centrale*, in-12, dos et coins mar. rouge, fil., dos orné, tête dor., ébarbé.

Édition originale.

Exemplaire imprimé sur papier de Hollande, contenant les figures sur Chine avant la lettre.

On y a joint un portrait de A. Delvau gravé par *Le Rat* en 2 états sur Japon : eau-forte et avant-lettre.

145. DEMI-CABOTS (Les). Le Café-concert. Le Cirque. Les Forains. Texte de Georges d'Esparbès, André Ibels, Maurice Lefèvre, Georges Montorgueil. *Paris, Charpentier et L. Conquet*, 1896, illust. d'H.-S. Ibels, pet. in-8, dos et coins mar. citron, fil., dos orné et mosaïqué, tête dor., non rogné, couverture illust. (*Pierson*).

Un des 100 exemplaires (n° 33) imprimés sur papier de Chine.

146. DENON (Vivant). Point de lendemain, conte en prose. Réimpression textuelle sur l'édition originale de 1777, avec une jolie vignette en taille-douce. *Rouen, J. Lemonnyer*, 1879, petit in-8, mar. citron, fil., dos orné, doublé de mar. bleu, fil., encad. de feuillages à petits fers, tr. dor. (*L. Reymann-Cuzin*).

Un des 50 exemplaires imprimés sur papier Whatman, contenant la vignette en trois états. On y a joint le Catalogue de la Librairie J. Lemonnyer. Rouen, 1879.

147. DENON (Vivant). Point de lendemain, conte; illustré de treize compositions de Paul Avril. *Paris, Rouquette*, 1889, in-8,

mar. vert, fil., dos orné, dent. int., tête dor., non rogné, couvert. illust. (*Pierson*).

Exemplaire imprimé sur **papier du Japon**, offert par P. Avril à M. le Cte A. Werlé ; il contient les figures en trois états, dont **l'eau-forte pure** et sur le faux-titre **une jolie aquarelle originale** de **Paul Avril**.

148. DÉROULÈDE (Paul). Chants du Soldat. *Paris, Calmann Lévy*, 1878, in-18, mar. rouge, jans., dent. int., tête dor., non rogné, couverture (*Pierson*).

Exemplaire imprimé sur **papier de Hollande** ; il est orné sur le faux-titre et dans les marges de 42 **aquarelles originales** d'**A. Bligny**.

149. DÉROULÈDE (Paul). Poésies militaires, illustrations de Jeanniot. *Paris, Calmann Lévy*, 1896, pet. in-8, demi-rel. mar. rouge, tête dor., non rogné (*Couvert. illust.*).

Un des 50 exemplaires (n° 31) imprimés sur **papier de Chine**.

150. DESAINS (Charles). Fables, anecdotes et contes. Illustrés par Baldus, Brascassat, Delorme, Hébert, Lami, Van der Burch, Horace Vernet, etc., etc. *Paris, Lemoine*, 1850, gr. in-8, dos et coins mar. citron, fil., dos orné, tête dor., non rogné, couverture (*Champs*).

Premier tirage des eaux-fortes, bois, figures sur acier et lithographies dont ce volume est orné.

151. DESJARDINS (Gustave). Le Petit Trianon. *Versailles, L. Bernard*, 1885, grand in-8, mar. bleu, encadrement de fil. droits et courbes, angles ornés à petits fers, dos orné, dent. int., tr. dor. (*L. Reymann-Cuzin*).

Nombreuses héliogravures et planches en couleurs.

152. DETAILLE (Édouard). Types et uniformes. L'Armée française. Texte par Jules Richard. *Paris, Boussod, Valadon et Cie*, 1885-1889, 9 fascicules en 2 vol. in-fol., dos de mar. rouge et coins de mar. bleu, plats en toile blanche, fil., tête dor., non rognés.

Exemplaire (n° 15) imprimé sur **papier du Japon**, pour M. le comte Werlé contenant un **tirage à part** des illustrations du texte et une **suite en couleurs** des illustrations hors texte.

153. DEVILLERS (Hippolyte). Les Femmes de la mer. Cancalaises. Vingt-cinq eaux-fortes et cent dessins dans le texte par Henri Boutet. *Paris, H. Floury*, 1903, in-4, cartonn. demi-mar. vert., fil., dos orné, tête dor., ébarbé, couverture illust. (*Pierson*).

Un des 10 exemplaires imprimés sur **papier du Japon**, ne contenant qu'une seule suite des eaux-fortes.

154. DIDEROT (Denis). Le Neveu de Rameau, satire revue sur les textes originaux et annotés par Maurice Tourneux. Portrait et illustrations par F.-A. Milius. *Paris, P. Rouquette*, 1884, in-8, dos et coins mar. crème, tête dor., non rogné, couvert. (*Pierson*).

Un des 150 exemplaires (n° 36) imprimés sur **papier du Japon**, contenant les eaux-fortes en deux états : **avant** et avec **la lettre**. Cet exemplair est orné dans les marges et sur le faux-titre de 27 jolies **aquarelles originales** de **F. Bourdin.**

155. DIDEROT (Denis). Le Neveu de Rameau, satire, revue sur les textes originaux et annotée par Maurice Tourneux. Portraits et illustrations par F.-A. Milius. *Paris, P. Rouquette*, 1884, in-8, dos et coins mar. brun, fil., dos orné, tête dor., non rogné (*Reymann*).

Un des 150 exemplaires (n° 78) imprimés sur **papier du Japon**, contenant les figures en deux états : **avant** et avec la lettre.

156. **DIDEROT**. Jacques le fataliste et son maître. Douze dessins de Maurice Leloir gravés à l'eau-forte par Courtry, de Los Rios, Mongin, Teyssonnières. *Paris, Imprimé pour les Amis des livres*, 1884, gr. in-8, mar. grenat, fil., grand compart. de 11 fil. droits et courbes, ornés de feuilles de laurier et feuillage à petits fers, chiffre mosaïqué au milieu des plats, dos orné, doublé de mar. réséda, grand compart. formé de petits caissons dorés et mosaïqués de mar. bleu et rouge, gardes d'étoffe brochée, tête dor., non rogné (*Champs, rel.* ; *Domont, dor.*).

Tirage à 138 exemplaires sur **papier du Japon**, avec les figures en double état dont l'**eau-forte pure**, ainsi que deux planches refusées, également en double état.

Exemplaire contenant les 12 **aquarelles** (10) et **dessins** (2) **originaux** de **Maurice Leloir.**

Riche reliure.

157. DIEHL (Charles). Théodora, impératrice de Byzance. Illustrations de Manuel Orazi. *L'Édition d'art, H. Piazza et Cie*, pet. in-8 carré, mar. brun, encadr. de filets et petits fers, petits ronds mosaïqués, dos orné et mosaïqué, dent. int., tête dor., non rog., couverture (*Pierson*).

Un des 10 exemplaires (n° 7) imprimés sur **papier du Japon**, contenant une **aquarelle originale** de l'artiste, un état en couleurs sur **Japon mince** et un état en noir.

158. DORÉ (Gustave). Versailles et Paris en 1871, d'après les dessins originaux de Gustave Doré. Préface de M. Gabriel Hanotaux. *Paris, L. Carteret*, 1907, gr. in-8, broché (*Couvert. illust.*).

Un des 75 exemplaires imprimés sur **papier de Chine**.

159. **DOUCET** (Jérôme). La Chanson des Mois. Illustrations en couleurs de Maurice Leloir. *Reims, L. Michaud*, 1904, in-fol. en feuilles, dans un carton en toile.

Exemplaire imprimé sur **papier Whatman** pour M. le Comte A. Werlé ; il contient la suite des aquarelles gravées sur bois, tirées sur Japon ancien et sur Chine avant la lettre.

La suite sur Japon est enrichie de 40 **remarques inédites, charmantes petites aquarelles originales** de **Maurice Leloir.**

On a ajouté à l'exemplaire :

1° **Une grande et belle aquarelle originale** de **Maurice Leloir** sur Whatman.

2° Une suite d'épreuves en héliogravure, **aquarellées par Maurice Leloir**, pour servir de modèles au coloriste Charpentier. Quatre de ces épreuves, ayant été détruites par le coloriste, ont été remplacées par des **épreuves non aquarellées**.

3° Le manuscrit autographe de Jérôme Doucet.

4° 10 lettres de Maurice Leloir à F. Michaud, l'éditeur du livre.

5° 10 lettres de J. Doucet à Maurice Leloir et 1 lettre de Leloir à Michaud.

6° 80 **fumés** des bois gravés par *A. Mathieu*, épreuves tirées par le graveur.

7° 30 **feuilles de croquis** à la mine de plomb, par **Maurice Leloir**, pour la *Chanson des Mois*.

160. DOUCET (Jérôme). Princesses de Jade et de Jadis. Aquarelles de V. Lorant-Heilbronn. *Paris, Société d'éditions d'art,*

s. d., in-4, dos et coins mar. vert, fil., dos orné, tête dor., non rogné (*Pierson*).

Exemplaire imprimé sur papier vélin à la forme.

161. DOUCET (Jérôme). Contes de la fileuse. Illustrations d'Alfred Garth Jones. *Paris, Ch. Tallandier, s. d.*, in-8, dos et coins mar. violet foncé, fil., dos orné, tête dor., non rogné, couverture (*Pierson*).

Un des 25 exemplaires imprimés sur **papier de Chine**, contenant **un tirage à part** sur Chine de tous les encadrements et de toutes les figures.

162. DOUCET (Jérôme). Contes de haute-lisse. Avec les illustrations d'Alfred Garth Jones. *Lyon, Bernoux et Cumin*, 1899, in-4, veau fauve ciselé et modelé, le premier plat orné d'une grande décoration avec personnages, et encad. d'orangers avec fruits, dos orné, fil. int., tr. dor, couvert illust. (*Champs-Lepreux*).

Un des 80 exemplaires (n° 51) imprimés sur **papier du Japon** avec une **suite des traits** sur Chine.

163. DOUCET (Jérôme). Trois légendes d'or, d'argent et de cuivre. Illustrées de trente-trois compositions par Georges Rochegrosse, gravées en taille-douce. *Paris, A. Ferroud*, 1901, in-8, mar. brun, jans., chiffre sur le premier plat, doublé de mar. gris clair, orné de fers à froid, et de fleurs mosaïquées, gardes d'étoffe brochée, couverture (*René Kieffer*).

Exemplaire (n° 11) imprimé sur **papier du Japon**, contenant une suite en noir et un motif **original à l'aquarelle de G. Rochegrosse.**

164. DOUCET (Jérôme). Pétrone. Illustrés de huit compositions de Louis-Édouard Fournier, eaux-fortes de Xavier Lesueur. *Paris, A. Ferroud*, 1902, in-8, dos et coins mar. La Vall., fil., dos orné, tête dor., non rogné, couverture (*Pierson*).

Un des 50 exemplaires imprimés sur **papier du Japon**, contenant deux états des eaux-fortes dont un **avant la lettre.**

165. DOUCET (Jérôme). Anacréon (introduction et pièces choisies), illustré de huit compositions de Louis-Édouard Fournier, eaux-fortes de Pennequin. *Paris, Ferroud*, 1903, in-8, mar. vio-

let, compart. de fil., encadrement, dos orné, fil. et ornements int., tête dor., non rogné, couverture (*Pierson*).

Un des 25 exemplaires imprimés sur **papier du Japon** (n° 2), contenant les trois états des eaux-fortes, dont l'eau-forte pure, l'eau-forte terminée avec remarque en noir et en bistre, et une **composition originale** de **Louis-Edouard Fournier.**

166. DOUGLAS (Robert). Sophie Arnould, traduit par Charles Grolleau. Compositions par Ad. Lalauze. *Paris, Ch. Carrington,* 1898, in-8, mar. grenat, fil., chiffre sur les plats, dos orné, dent. int., tête dor., non rogné, couverture illust. (*Stroobants*).

Un des 5 exemplaires (n° 3) imprimés sur **papier du Japon**, contenant les eaux-fortes en quatre états : **eaux-fortes pures**, avant la lettre avec remarque, en bistre et en noir, et avec la lettre.

167. DOUGLAS (Robert). Sophie Arnould ; traduit par Charles Grolleau. Compositions par Ad. Lalauze. *Paris, Ch. Carrington,* 1898, in-8, demi-rel. mar. vert, fil., dos orné et mosaïqué, tête dor., non rogné, couvert. illust. (*Pierson*).

Un des 50 exemplaires imprimés sur **papier de Hollande**, contenant les figures en deux états, dont un **avant la lettre**, avec remarque.

168. DROZ (Gustave). Monsieur, Madame et Bébé. Édition illustrée par Edmond Morin et ornée d'un portrait de l'auteur en frontispice, gravé par Léopold Flameng. *Paris, Victor Havard,* 1878, gr. in-8, mar. vert, dos orné, dent. int., tête dor., non rogné (*Champs*).

Premier tirage.
Un des 10 exemplaires (n° 1) imprimés sur **papier du Japon.**

169. DROZ (Paul). Lettres d'un Dragon. *Paris, Victor Havard,* 1883, in-12, mar. rouge, fil., dos orné, dent. int., tête dor., non rogné, couverture (*Pierson*).

Exemplaire imprimé sur **papier de Hollande** ; il est orné de 72 **jolies aquarelles originales** de **A. Bligny.**

170. DU CAMP (Maxime). Une Histoire d'amour. Un portrait gravé par A. Lamotte, huit compositions de P. Blanchard, gravées par Buland. *Paris, L. Conquet,* 1888, in-18, mar. bleu clair,

fil., dos orné, dent. int., tête dor., non rogné, couverture (*Pierson*).

Un des 30 exemplaires (n° 11) imprimés sur **papier du Japon**, contenant les eaux-fortes en trois états dont l'eau-forte pure.

171. DUCROS (Emmanuel). En Chemin de fer. Triolets dits par M. Mounet-Sully. Compositions de Ch. Daux. *Paris, Ludovic Baschet, s. d.*, pet. in-fol., fig en couleurs, mar. bleu, encad. de 14 fil. brisés aux angles, dos orné, dent. int., tr. dor., couverture illust. (*Louise Reymann-Cuzin*).

Un des 25 exemplaires imprimés sur **papier du Japon**, contenant un tirage en bistre sur Chine de toutes les figures.

172. DUHAMEL (Henry). Au Pays des Alpins. *Grenoble, librairie dauphinoise*, 1899, pet. in-4, dos et coins mar. vert, fil., dos orné, tête dor., non rogné (*Couvert. illust.*).

Un des 20 exemplaires (n° 18) imprimés sur **papier du Japon**, contenant une suite, en noir, et avant la lettre, de toutes les illustrations.

173. DUMAS (Alexandre). Herminie, l'amazone. *Paris, Calmann Lévy*, 1888, in-16, dos et coins mar. gris, tête dor., non rogné, couverture (*Pierson*).

Un des 25 exemplaires (n° 16) imprimés sur **papier du Japon**. Il est orné sur le faux-titre et dans les marges de 21 **aquarelles originales** de **H.-P. Dillon**.

174. DUMAS (Alexandre). Herminie, l'amazone. *Paris, Calmann Lévy*, 1888, pet. in-8, front et vignettes de Robaudi, mar. crème, fil., chiffre mosaïqué sur les plats, dos orné et mosaïqué, dent. int., tête dor., non rogné (*Allô*).

Tirage à 225 exemplaires sur **papier vélin** fait pour la Librairie Conquet.

Un des 30 exemplaires (n° 3) contenant les figures en trois états dont **l'eau-forte pure**.

Aquarelle originale de **A. Robaudi** sur le faux-titre.

175. DUMAS (Alexandre). Le Chevalier de Maison-Rouge. Illustrations de Julien le Blant, gravées sur bois par Léveillé. *Paris, Emile Testard*, 1894, 2 vol., gr. in-8, dos et coins mar. marron, fil., dos plat orné, tête dor., non rogné, couverture illust. (*Pierson*).

Un des 75 exemplaires (n° 46) imprimés sur papier du Japon, contenant un tirage à part de tous les bois et les eaux-fortes de *Géry Bichard* d'après *Le Blant*, en quatre états dont l'eau-forte pure.

176. DUMAS (Alexandre). Les trois Mousquetaires, avec une lettre d'Alexandre fils. Compositions de Maurice Leloir, gravures sur bois de J. Huyot. *Paris, Calmann Lévy*, 1894, 2 vol. gr. in-8, mar. rouge, 5 fil., chiff. mosaïqué sur les plats, dos orné et mosaïqué, large dent. int., tête dorée, non rognée couvert. illust. (*Champs*).

Édition de grand luxe. Exemplaire imprimé sur papier vélin mince pour M. le Comte Werlé.

Deux très jolies aquarelles originales de Maurice Leloir, une sur chaque faux-titre.

177. DUMAS (Alexandre). Les trois Mousquetaires, avec une lettre d'Alexandre Dumas. Compositions de Maurice Leloir, gravures sur bois de J. Huyot. *Paris, Calmann Lévy*, 1894, 2 vol. gr. in-8, mar. grenat, encad. de 4 fil., fleur de lys aux angles, chiffre sur les plats, dos orné et mosaïqué, dent. int., tête dor., non rog., couverture illust. (*Champs*).

Un des 100 exemplaires (n° 22) imprimés sur papier de Chine, contenant le tirage à part de toutes les gravures.

178. DUMAS (Alexandre). La Dame de Monsoreau. Compositions de Maurice Leloir, gravures sur bois de J. Huyot. *Paris, Calmann Lévy*, 1903, 2 vol. gr. in-8, mar. brun, encad. de 4 fil., fleurs de lis aux angles, chiffre sur les plats, dos plat orné et mosaïqué, tête dor., non rog., couvert. illust. (*Champs-Stroobants*).

Un des 100 exemplaires (n° 48) imprimés sur papier de Chine, contenant le tirage à part de toutes les gravures.

179. DUMAS (Alexandre). La Dame de Monsoreau. Compositions de Maurice Leloir, gravures sur bois de J. Huyot. *Paris, Calmann Lévy*, 1903, 2 vol., gr. in-8, dos et coins mar. bleu, fil., dos orné, tête dor., non rognés, couverture illust. (*Pierson*).

Un des 100 exemplaires (n° 79) imprimés sur papier de Chine, contenant le tirage à part de toutes les gravures.

180. DUMAS FILS (Alexandre). La Dame aux Camélias. Préface

par M. Jules Janin. *Paris, Michel Lévy*, 1872, in-8, port., pap. de Holl., mar. bleu, compart. de fil., angles et chiffre mosaïqués, dos orné et mosaïqué, doublé de mar. rouge, semis de camélias blancs mosaïqués, tête dor., non rogné, couverture (*Allô*).

Exemplaire orné, sur le faux-titre et dans les marges, de 280 **dessins originaux** à la plume et à l'aquarelle par **Henriot.**

181. DUMAS FILS (Alexandre). La Dame aux Camélias, préface par Jules Janin. *Paris, Michel Lévy*, 1872, gr. in-8, port., papier de Holl., mar. mauve, jans., dent. int., tête dor., non rogné, couverture (*Pierson*).

Exemplaire enrichi, sur les faux-titres et dans les marges, de 20 **aquarelles originales** de **Bourdin.**

182. DUMAS FILS (Alexandre). La Dame aux Camélias. Préface de Jules Janin et nouvelle préface inédite de l'auteur. Illustrations de A. Lynch. *Paris, Quantin, s. d.*, in-4, mar. bleu, entrelacs de fil. droits et courbes, orné aux angles de feuilles de chêne et de laurier, fers azurés, chiffre mosaïqué sur les plats, dos orné et mosaïqué, plats int. doublés de mar. bleu et ornés d'un bouquet de camélias blancs et rouges mosaïqués, gardes en soie brochée, tête dor., non rog., couverture illust. (*Allô*).

Un des 30 exemplaires (n° 1) imprimés sur **papier du Japon** contenant les eaux-fortes en trois états : 1° **en premier état sur Japon** ; 2° en état définitif **avant la lettre** et remarque sur Japon ; 3° avec lettre sur Hollande. Tirage supplémentaire hors texte sur Japon pour les héliogravures.

183. DUMAS FILS (Alexandre). Théâtre complet, avec préfaces et notes inédites. *Paris, Calmann Lévy*, 1890-1893, 7 vol., compositions de A. Robaudi, gravées par Abot. — Notes pour les tomes I-VI. *Ibid., Id., s. d.*, 2 vol. — Théâtre des autres. *Ibid., Id.*, 1894, 2 vol., compositions de A. Robaudi, gravées par Ruet. — Ens. 11 vol. in-8, brochés (*Couvert.*).

Un des 30 exemplaires (n° 6) imprimés sur **grand papier vergé** (réimposés in-8), contenant les figures en trois états dont **l'eau-forte pure.**

184. DUMAS FILS (Alexandre). Denise, pièce en quatre actes. *Paris, Calmann Lévy*, 1885, gr. in-8, figures, mar. rouge, fil., dent., angles et milieux ornés à petits fers et mosaïqués, dos orné

et mosaïqué, doublé de mar. vert., fil., chiffre mosaïqué, tête dor., non rogné (*Allô*).

Édition originale.

Un des 75 exemplaires imprimés sur **papier de Hollande** ; il est orné d'**un portrait** de l'auteur et de 13 **figures** et **vignettes** dessinées à la plume par **F. Coindre.**

185. DUMAS FILS (Alexandre). Un Cas de rupture. Illustrations page à page par Eugène Courboin. *Paris, Maison Quantin*, 1892, in-4, dos et coins mar. noir, tête dor., non rogné, couverture illust. (*Pierson*).

Un des 40 exemplaires (n° 11) imprimés sur **papier du Japon** contenant une **double suite** des gravures.

186. DUQUESNEL (Félix). Contes des dix mille et deux nuits. Illustrations de Jean Weber. *Paris, Ernest Flammarion, s. d.*, in-4, dos et coins mar. rouge foncé, fil., dos orné, tête dor., non rogné, couverture du livre et couvert. des livraisons, illust. (*Champs-Stroobants*).

Un des 20 exemplaires imprimés sur **papier de Chine**, réservés pour Mme Mellet, libraire.

187. EBERS (Georges). L'Égypte. Traduction de Gaston Maspero. *Paris, Firmin Didot et Cie*, 1881, 2 vol. gr. in-4, mar. La Vall., encad. de 3 fil., angles ornés à petits fers, chiffre sur les plats, dos orné, dent. int., tête dor., non rognés, couverture (*Allô*).

Nombreuses illustrations.

188. ÉRASME. L'Éloge de la folie, composé en forme de déclamation, traduction nouvelle avec une préface, une étude sur Érasme et son époque, des notes et une bibliographie par Emmanuel Des Essarts. 81 eaux-fortes d'après les dessins d'Holbein, un frontispice de Worms et un portrait de l'auteur gravés par Champollion. *Paris, Arnaud et Labat*, 1877, in-8, mar. orange, fil., dos orné, dent. int., tête dor., non rogné (*Champs*).

Un des 10 exemplaires (n° 1) imprimés sur **papier du Japon.**

189. ÉRASME. Éloge de la Folie, augmenté de la préface d'Érasme adressée à Thomas Morus son ami ; notice de Gabriel Hanotaux. Quarante-six compositions gravées sur bois de Auguste

Lepère. *Paris, pour les Amis des Livres,* 1906, gr. in-8, mar. noir, grand encadrement de filets dor. et de fers à froid et dor., dos orné, tête dor., non rogné, couverture (*Pierson*).

Belle et intéressante publication tirée à 135 exemplaires, elle est ornée de bois de *Lepère* tirés en plusieurs teintes.

190. ESPARBÈS (Georges d'). La Légende de l'Aigle (Poème épique en vingt contes). *Paris, E. Dentu,* 1893, in-12, veau fauve, le premier plat orné de comp. de fil. dor. et de petits fers de l'Empire, encadrant un large compart. ciselé formé de fleurs et de 4 aigles, le second plat orné de compart. dorés semblables à ceux du premier plat, dos orné, doublé de mar. bleu, encad. dor., gardes de moire bleue, tête dor., non rogné, couverture et étui (*Gruel*).

Édition originale.

Exemplaire imprimé sur **papier de Hollande** et enrichi de 21 **charmantes aquarelles originales** d'**Alfred Paris.**

Joli petit volume très bien relié.

191. ESPARBÈS (Georges). La Légende de l'Aigle. Compositions de François Thévenot, gravées par Florian et Romagnol. *Paris, A. Romagnol,* 1901, gr. in-8, mar. vert foncé, orné, sur le premier plat, d'une grande gerbe d'œillets mosaïquée de mar. rose, La Vall. et vert olive et, sur le second plat, d'un œillet mosaïqué, chiffre doré, dos orné et mosaïqué, doublé d'étoffe brochée, encad. int., angles ornés, gardes d'étoffe brochée, tr. dor., couverture illust. (*René Kieffer*).

Un des 25 exemplaires (n° 16) imprimés sur **papier de Chine**, contenant une **suite sur Chine** et un **tirage à part** fait à la main par le graveur, sur papier Japon pelure, de tous les bois.

192. FABRE (Ferdinand). L'Abbé Tigrane, candidat à la papauté. Un portrait d'après J.-P. Laurens et vingt eaux-fortes originales de E. Rudaux. *Paris, L. Conquet,* 1890, in-8, dos et coins mar. violet, fil., dos orné, tête dor., non rogné, couverture (*Pierson*).

Un des 75 exemplaires imprimés sur **papier du Japon**, contenant les figures en trois états dont l'eau-forte pure.

193. FABRE (Ferdinand). Xavière. Illustré par M. Boutet de Monvel. *Paris, Boussod, Valadon et Cie,* 1890, in-4, mar. La

Vall., encad. de 9 fil., orné de feuillages à petits fers, dos orné, doublé de faille brune, encad. de filets, tr. dor., couverture (*Marius Michel*).

Un des 10 exemplaires (n° 3) imprimés sur papier du Japon ; les planches de ces dix exemplaires sont imprimées en couleurs. Le faux-titre est orné d'une **aquarelle originale** de **Boutet de Monvel.**

194. FABRE (Ferdinand). Sylviane. Illustrations de George Roux, gravées sur bois par Baud et Hamel. *Paris, Émile Testard,* 1892, pet. in-8, mar. bleu, fil., dos orné, dent. int., tête dor., non rogné, couverture illust. (*Pierson*).

Exemplaire sur papier vélin du Marais.

195. FÉMINIES. Huit chapitres inédits dévoués à la Femme, à l'Amour, à la Beauté, par Gyp, Abel Hermant, Henri Lavedan, Marcel Schwob et Octave Uzanne. Frontispices en couleurs d'après Félicien Rops, encadrements et vignettes de Rudnicki. *Paris, imprimé pour les Bibliophiles contemporains,* 1896, in-8, demi-rel. mar. vert foncé, fil., dos orné et mosaïqué, tête dor., non rogné, couverture illustrée (*Pierson*).

Édition imprimée à 183 exemplaires. Frontispices de *Rops* en deux états : en couleurs et en noir, avec remarques.

196. FEUILLET (Octave). Le Roman d'un jeune homme pauvre. Dessins de Mouchot gravés par Méaulle. *Paris, A. Quantin,* gr. in-8, mar. réséda, encad. de 5 fil., chiffre sur les plats, dos orné, fil. int., doublé avec l'emboîtage illustré de l'éditeur, couverture illustrée, tr. dor. (*Champs*).

Un des 100 exemplaires (n° 1) imprimés sur papier du Japon, contenant le portrait en deux états : avant et avec la lettre.

197. FEUILLET (Octave). Julia de Trécœur. *Paris, Calmann Lévy,* 1885, petit in-8, dos et coins mar. vert, fil., dos orné, tête dor., non rogné (*Couvert.*).

Tirage à 225 exemplaires sur papier vélin, pour la Librairie Conquet, illustrés de 15 eaux-fortes de *Clapès* d'après *Henriot.*

Un des 30 exemplaires (n° 23) contenant les illustrations en trois états dont l'eau-forte pure.

198. FEUILLET (Octave). Le Village ; scène provinciale. Préface de Mme Octave Feuillet. *Aux dépens de la Société normande*

du Livre illustré, 1901, pet. in-8, mar. réséda, fil., chiffre sur les plats, dos orné, tr. dor., couverture (*Champs*).

Tirage unique à 143 exemplaires (n° 73) sur papier vélin, ornés d'un portrait, d'une figure et de 3 vignettes d'*Albert Darvant,* gravés au burin par *Boisson.*

199. FEUILLET (Octave). Le Village, scène provinciale. Préface de Mme Octave Feuillet. *Aux dépens de la Société normande du Livre illustré,* 1901, pet. in-8, dos et coins mar. violet, fil., dos orné, tête dor., non rogné, couverture (*Pierson*).

Même édition.

200. FÉVAL (Paul). Le premier Amour de Charles Nodier. Illustrations de H. Vogel, gravées sur bois par E. Florian. Avant-propos de Maurice Tourneux. *Paris, A. Rouquette,* 1900, pet. in-8, demi-rel. mar. vert., fil., dos orné, tête dor., non rogné, couverture (*Pierson*).

Tirage unique à 150 exemplaires sur papier vélin, contenant un tirage à part sur papier de Chine de tous les bois.

201. FIEFFÉ (Eugène). Napoléon Ier et la Garde Impériale. Dessins par Raffet. *Paris, Furne fils,* 1859, in-4, cartonn. demi-chag. noir, dos et plats ornés, tr. dor.

Frontispice en noir, portrait de Napoléon et 19 planches de costumes gravées d'après *Raffet* et coloriése.

Premier tirage.

202. FIEVÉE (Joseph). La Dot de Suzette. Avec une notice biographique inédite. Illustrations par V. Foulquier. *Paris, Imprimé pour les Amis des livres,* 1892, in-12, mar. bleu clair, comp. de fil., angles et dos ornés, dent. int., tête dor., non rogné, couverture (*Pierson*).

Édition tirée à 115 exemplaires sur papier vélin, contenant les figures en trois états dont l'eau-forte pure.

203. FIGURES DE PARIS. Ceux qu'on rencontre et celles qu'on frôle. Illustrations de Victor Mignot. Proses de MM. Maurice Beaubourg, Louis Codet, Alfred Jarry, Jean Lorrain, Edmond Pilon, Octave Uzanne, etc., etc. *Paris, Henry Floury,* 1901,

in-4, vélin de Hollande, cartonn. demi-mar. vert., fil., dos orné, tête dor., ébarbé (*Couvert. illust.*).

Publication des *Bibliophiles contemporains* tirée à 218 exemplaires, figures en couleurs hors texte, et vignettes en noir dans le texte.

204. FISCHBACH. Guerre de 1870. Le Siège de Strasbourg. Strasbourg avant, pendant et après le siège, par Gustave Fischbach. Aquarelles et dessins, par E. Schweitzer. *Strasbourg, imprimerie alsacienne,* 1897, in-4, mar. rouge, encad. de 6 fil., chiffre mosaïqué sur les plats, dos orné, dent. int., tr. dor., couverture (*Champs*).

205. FLAMENT (Albert) (Sparklet). Fauteuils et couloirs. Eaux-fortes de Minartz. *Paris, imprimé pour Henri Béraldi,* 1906, in-4, 21 eaux-fortes, broché.

Tirage unique à 75 exemplaires sur papier de Hollande.

206. FLAUBERT (Gustave). Salammbô. Édition définitive, avec des documents nouveaux. *Paris, G. Charpentier,* 1880, in-12, mar. vert, encad. de 3 fil., dos orné, dent. int., tête dor., non rogné, couverture (*Pierson*).

Un des 100 exemplaires imprimés sur **papier de Hollande**. Celui-ci est orné de 70 **aquarelles originales** de **Sonnier** dont 17 hors texte, de la grandeur des pages, les autres sont dans les marges, la plupart encadrant le texte.

207. FLAUBERT (Gustave). Salammbô. Compositions de Georges Rochegrosse, gravées à l'eau-forte par Champollion. Préface par Léon Hennique. *Paris, A. Ferroud,* 1900, 2 vol. gr. in-8, dos et coins mar. gren., fil., dos orné, tête dor., non rogné, couverture illustrée (*Pierson*).

Exemplaire imprimé sur **papier du Japon**, contenant les figures en trois états dont l'**eau-forte pure**.

208. FLAUBERT (Gustave). Herodias. Compositions de Georges Rochegrosse, gravées à l'eau-forte par Champollion. Préface par Anatole France. *Paris, A. Ferroud,* 1892, in-8, dos et coins mar. grenat, fil., dos orné, tête dor., non rogné (*Pierson*).

Exemplaire imprimé sur **papier du Japon** (n° 49), contenant les eaux-fortes en trois états dont l'**eau-forte pure**.

209. FLAUBERT (Gustave). Un Cœur simple. Illustré de vingt-trois compositions par Émile Adan, gravées à l'eau-forte par Champollion. Préface par A. de Claye. *Paris, A. Ferroud,* 1894, in-8, dos et coins mar. noir, fil., dos orné, tête dor., non rogné, couverture (*Pierson*).

Exemplaire (n° 49) imprimé sur papier du Japon, contenant les figures en trois états dont l'eau-forte pure.

210. FLAUBERT (Gustave). Un Cœur simple. *Paris, aux dépens de la Société normande du Livre illustré,* 1903, in-12, mar. bleu, encad. de fil. et de feuillages, angles ornés d'une corbeille de fleurs, dos orné, dent. int., tête dor., non rogné (*Couvert.*).

Édition imprimée à 110 exemplaires sur papier vélin, ornée de gravures en couleurs exécutées par *Rudaux* sur planches repérées d'après les aquarelles qu'il a faites sur un exemplaire unique, de format in-8, appartenant à un des membres de la Société normande du Livre illustré ; avec 5 planches représentant la décomposition d'une gravure en couleurs.

211. FLAUBERT (Gustave). Histoire d'un fou. *Paris, H. Floury,* 1901, in-8, portrait gravé par Nargeot, dos et coins mar. vert, fil., dos orné, tête dor., ébarbé, couverture (*Pierson*).

Édition tirée à 100 exemplaires dont 50 seulement mis dans le commerce. Exemplaire n° IX sur papier du Japon, à la forme.

212. FLAUBERT (Gustave). A bord de la Cange. Neuf compositions de A. Robaudi, gravées à l'eau-forte par C. Chessa. *Paris, A. Ferroud,* 1904, in-16, cartonn. dos et coins mar. La Vall., fil., dos orné, tête dor., non rogné, couverture illust. (*Pierson*).

Exemplaire (n° 5) imprimé sur papier du Japon ; contenant les eaux-fortes en trois états dont l'eau-forte pure.

213. FLAUBERT (Gustave). Madame Bovary. Compositions d'Alfred de Richemont, gravées à l'eau-forte par C. Chessa. Préface par Léon Hennique. *Paris, F. Ferroud,* 1905, gr. in-8, br. (*Couvert. illust.*).

Exemplaire (n° 10) imprimé sur papier du Japon avec les eaux-fortes en trois états dont l'eau-forte pure.

214. FLAUBERT (Gustave). La Légende de St-Julien l'Hospitalier. Préface d'Octave Join-Lambert. Fac-simile d'un manuscrit,

calligraphié, enluminé et historié par Malatesta. *Aux dépens de la Société normande du livre illustré, Paris,* 1906, pet. in-4, mar. La Vall., comp. de fil. dor. et de fers à froid, dos orné, large dent. int., tête dor., non rogné, couverture illust. (*Champs-Stroobants*).

Tirage unique à 170 exemplaires sur papier du Japon.

215. FLAUBERT (Gustave). Bouvard et Pécuchet, Illustrations de Ch. Huard. *Paris, H. Piazza et Cie, s. d.* (1904), 2 vol. pet. in-4, mar. bleu, fil., dos orné, dent. int., tête dor., non rognés (*Couvert.*).

Édition tirée à 30 exemplaires (nº 6), tous sur papier vélin fort, ornés d'eaux-fortes en couleurs hors texte et d'eaux-fortes, en noir, dans le texte. **Aquarelle originale** et **dessin** de **Huard** au tome premier.

216. FLERS (Robert de). Ilsée, princesse de Tripoli. Lithographies de A. Mucha. *Paris, l'Édition d'art, H. Piazza et Cie,* 1897, in-4, dos et coins mar. olive, fil., dos orné, tête dor., non rogné (*Couvert. illust.*).

Exemplaire imprimé sur papier vélin à la forme.

217. FOE (Daniel de). Vie et aventures de Robinson Crusoé, traduction de Pétrus Borel, avec huit eaux-fortes par Mouilleron, portrait gravé par Flameng. *Paris, Librairie des bibliophiles,* 1878, 4 vol. in-8, mar. brun, fil., dos orné, dent. int., tr. dor. (*Champs*).

Un des 170 exemplaires imprimés sur **grand papier de Hollande**.

218. FOLARÇON. Quand j'étais brigadier, joyeux récits de chambrée. *Paris, Calmann Lévy,* 1885, in-12, mar. La Vall., jans., dent. int., tête dor., non rogné, couverture illust. (*Pierson*).

Édition originale.

Exemplaire imprimé sur **papier de Hollande**, orné de 38 **aquarelles originales** de **G. Tiret-Bognet.**

219. FORAIN. La Comédie parisienne, 188 dessins. *Paris, Librairie Plon, s. d.,* in-12, cartonn. demi-mar. La Vall., tête dor., non rogné, couverture illust. (*Pierson*).

Un des 100 exemplaires imprimés sur **papier de Chine** réservés pour la librairie Conquet.

220. FRANCE (Anatole). Histoire comique. Pointes sèches et eaux-fortes d'Edgar Chahine. *Paris, Calmann Lévy, s. d.*, in-4, dos et coins mar. rouge, fil., dos orné, tête dor., ébarbé, couverture (*Champs-Stroobants*).

Un des 60 exemplaires imprimés sur **papier du Japon**.

221. FRANCE (Anatole). La Leçon bien apprise, conte imagé et manuscrit par Léon Lebègue. *Paris, H. Floury, s. d.*, in-8, vélin, ornem. à la plume sur le premier plat, tête dor., non rogné, couverture (*Pierson*).

Publication des *Bibliophiles indépendants*, tirée à 210 exemplaires (n° 35) contenant les figures coloriées et un tirage à part du trait, en noir, sur Chine.

222. FRANCE (Anatole). Balthasar et la reine Balkis. Aquarelles originales d'après Henri Caruchet. *Paris, L. Carteret et Cie*, 1900, in-8, fig. en couleurs, dos et coins mar. crème, fil., dos orné, tête dor., non rogné, couverture illust. (*Pierson*).

Exemplaire imprimé sur papier vélin offert par les éditeurs à M. le Cte A. Werlé.

223. FRANCE (Anatole). Thaïs. Compositions de Paul-Albert Laurens, gravures à l'eau-forte de Léon Boisson. *Paris, Librairie de la Collection des Dix*, 1900, in-8, mar. brun, encadrement de fil. et feuillages, dos orné, dent. int., tête dor., non rogné, couverture illust. (*Pierson*).

Un des 20 exemplaires (n° 2) imprimés sur **papier du Japon**; contenant **trois états** des illustrations du texte et **quatre états** des illustrations hors texte.

224. FRANCE (Anatole). L'Affaire Crainquebille; 62 compositions de Steinlen, gravées par Deloche, E. et F. Florian, les deux Froment, Gusman, Mathieu et Perrichon. *Paris, Pelletan*, 1901, in-4, mar. violet, compart. de 8 fil., angles ornés, encad. int., tête dor., non rogné, couvert. illust. (*Pierson*).

Un des 25 exemplaires imprimés sur **papier du Japon ancien**, contenant un **dessin original** de **Steinlen** et une collection d'épreuves d'artistes signée, sur Chine.

225. FRANCE (Anatole). Madame de Luzy ; dix compositions dessinées et gravées par Ad. Lalauze. *Paris, A. Ferroud,* 1902, in-16, dos et coins mar. bleu, fil., dos orné, tête dor., non rogné, couvert. illust. (*Pierson*).

Exemplaire imprimé sur **papier vélin**, contenant les figures en trois états, dont l'**eau-forte pure.**

226. FRANCE (Anatole). Les Noces corinthiennes. Édition définitive, décorée de vingt compositions d'Auguste Leroux, gravées par Ernest Florian. *Paris, Édouard Pelletan,* 1902, in-4, mar. grenat, grand encad. de fil. entrel. aux angles et fil. à la grecque, dos orné, dent. int., tête dor., non rogné, couvert. (*Pierson*).

Exemplaire réimposé in-4 et imprimé sur **papier du Japon ancien** ; contenant une **aquarelle originale d'Auguste Leroux** et une suite **d'épreuves d'artiste** sur Chine.

227. FRANCE (Anatole). Histoire de dona Maria d'Avalos et de don Fabricio, duc d'Andria, manuscrite et enluminée par Léon Lebègue. *Paris, Librairie des bibliophiles,* 1902, pet. in-4, dos et coins mar. brun, fil., dos orné, tête dor., non rogné, couverture illust. (*Pierson*).

Un des 200 exemplaires imprimés sur papier vergé d'Arches ; contenant une suite, en noir, sur Chine, de toutes les figures.

228. FRANCE (Anatole). Le Procurateur de Judée. *Paris, Société des Amis des livres,* 1902, in-16, mar. olive, encad. de 5 fil., dos orné, dent. int., tête dor., non rogné, couverture (*Pierson*).

Édition entièrement gravée, tirée à 130 exemplaires sur papier vélin.

229. FRANCE (Anatole). Le Procurateur de Judée, avec quatorze compositions d'Eugène Grasset, gravées par Ernest Florian. *Paris, Pelletan,* 1902, pet. in-4, mar. vert foncé, grand encad. de fil. et de feuillage, dos orné, dent. int., tête dor., non rogné, couverture (*Henri-Joseph*).

Un des 10 exemplaires imprimés sur **papier de Chine** (n° 31).

230. FRANCE (Anatole). Le Lys rouge. Compositions de A.-F

Gorguet, gravées sur bois par Desmoulins, Dutheil, Romagnol et en couleur par Ch. Thévenin. *Paris, A. Romagnol,* 1903, in-4, mar. La Vall., large encad. de fil. et de lis rouges mosaïqués, milieu orné d'une grande fleur de lis rouge dans une couronne de feuillage, dos orné et mosaïqué, dent. int., tête dor., non rogné, couverture illust. (*Pierson*).

Un des 10 exemplaires (n° 3) texte réimposé dans le format in-4, sur papier d'Arches, contenant trois états des planches hors texte : l'état en noir, l'état terminé en couleurs avec la remarque, l'état avant la lettre, et une suite sur Japon pelure des bois du texte, tirée à la main.

231. FRANCE (Anatole). A la Lumière, ode décorée par Bellery-Desfontaines de compositions gravées par E. Florian. *Éditions d'art, Édouard Pelletan, Paris,* 1905, pet. in-4, cartonn. dos et coins mar. blanc, fil., dos orné, tête dor., non rogné, couverture (*Pierson*).

Édition imprimée à 166 exemplaires (n° 70).

232. FRANCE (Anatole). Sainte Euphrosine. Illustrations et encadrements de Louis-Édouard Fournier, les eaux-fortes de E. Pennequin et les gravures sur bois de L. Marie. *Paris, F. Ferroud,* 1906, in-4 carré, dos et coins mar. bleu foncé, fil., dos orné et mosaïqué, tête dor., non rogné, couverture illust. (*Champs-Stroobants*).

Un des 15 exemplaires (n° 1) in-4 carré réimposés sur papier du Japon, contenant les eaux-fortes en trois états dont l'eau-forte pure et un tirage à part des encadrements. **Aquarelle originale de Ed. Fournier.**

233. FRANCE (Anatole). Le Jongleur de Notre-Dame. Texte calligraphié enluminé et historié par Malatesta. *Paris, F. Ferroud,* 1906, pet. in-4 carré, dos et coins mar. bleu, fil., dos orné, tête dor., non rogné, couverture illustrée (*Pierson*).

Un des 12 exemplaires (n° 4) imprimés sur papier impérial du Japon, contenant une suite en noir gravée au burin et à la pointe sèche par l'illustrateur et une gouache inédite sur parchemin.

234. FRANCE (Hector). Sous le burnous. Illustré de 22 compositions par Paul Avril. *Paris, Ch. Carrington,* 1898, gr. in-8,

dos et coins mar. La Vall., fil., dos orné, tête dor., non rogné, couverture (*Pierson*).

Un des 25 exemplaires (n° 4) imprimés sur **papier du Japon**, contenant les figures en quatre états dont l'**eau-forte pure.**

235. GAILLARDET (F.) et DUMAS (Alexandre). La Tour de Nesle, drame en cinq actes et neuf tableaux, représenté pour la première fois à Paris, sur le théâtre de la Porte-Saint-Martin, le 29 mai 1832. *Paris, Imprimé pour les Amis des livres*, 1901, gr. in-8, mar. rouge, compart. de fil., angles et dos ornés, dent. int., tête dor., non rogné, couverture illust. (*Pierson*).

Édition imprimée à 115 exemplaires sur papier vélin des Papeteries du Marais. Illustrations dessinées par *A. Robida* et gravées en couleurs par *A. Bertrand.*

236. **GALLAND.** Les mille et une nuits, contes arabes réimprimés sur l'édition originale avec une préface de Jules Janin. Vingt et une eaux-fortes par Ad. Lalauze. *Paris, Librairie des bibliophiles*, 1881, 10 vol. in-8, mar. orange, fil., dos mosaïqué, dent. int., tête dor., non rognés, couvertures (*Allô*).

Un des 107 exemplaires imprimés sur **papier de Hollande.**

On y a joint 1 volume in-4 même reliure comme extérieur, mais doublé de mar. orange, coins ornés et mosaïqués, semis de roses mosaïquées et chiffre mosaïqué, gardes étoffe brochée. Ce volume renferme :

1° Les 21 **jolis dessins originaux** d'**Ad. Lalauze,** à l'encre de Chine ;

2° 2 **dessins** qui n'ont pas été gravés ;

3° La suite des 21 eaux-fortes en deux états sur Japon : **eaux-fortes pures** (tirées à quelques exempl.) et **épreuves avant toute lettre,** avec remarques. — Toutes ces épreuves sont signées par l'artiste.

237. GAUTIER (Théophile). Les Jeunes-France, romans goguenards, suivis de contes humoristiques. *Paris, Charpentier et Cie*, 1873, in-12, cartonn. de mar. grenat, non rogné (*Champs*).

Édition définitive.

Un des 50 exemplaires (n° 26) imprimés sur **papier de Hollande** ; il est orné dans les marges et sur le faux-titre de 29 **aquarelles originales** d'**E. Auger.**

238. GAUTIER (Théophile). L'Eldorado, ou Fortunio, publié sur

l'édition originale. *Paris, imprimé pour les Amis des livres par Motteroz,* 1880, in-8, eaux-fortes de Milius, vignettes d'Avril, mar. orange, large dent. à petits fers, dos orné, dent. int., tr. dor. (*Champs*).

Édition tirée à 115 exemplaires avec les eaux-fortes de *Milius* sur Japon et sur Whatman, les vignettes de *Paul Avril* et les lettres ornées en double épreuve sur Chine.

239. GAUTIER (Théophile). Fortunio, réimpression textuelle de l'édition originale. Vingt-quatre lithographies en couleurs de A. Lunois. *Paris, L. Carteret,* 1898, pet. in-4, mar. olive, fil., chiffre sur les plats, dos orné, dent. int., tête dor., non rogné, couverture (*Stroobants*).

Exemplaire imprimé sur **papier de Chine**. Lithographies en deux états: en couleurs et en noir.

240. GAUTIER (Théophile). Mademoiselle de Maupin, double amour. Réimpression textuelle de l'édition originale, notice bibliographique par M. Charles de Lovenjoul. *Paris, L. Conquet,* 1883, 2 vol. gr. in-8, mar. rouge, fil., grand compart. formé d'un large fil. de mar. bleu et de 12 fil. dorés, orné de petits fers, chiffre mosaïqué sur les plats, dos orné et mosaïqué; doublé de moire bleue, large dent. int., tête dor., non rognés (*Allô*).

Un des 25 exemplaires (nº 22) imprimés sur **papier du Japon**, contenant les eaux-fortes en trois états dont **l'eau-forte pure**.

241. GAUTIER (Théophile). Le Capitaine Fracasse, publié en 3 volumes. Avec un avant-propos par Mme Judith Gautier. Dessins de Charles Delort, gravés par Mongin. *Paris, Librairie des bibliophiles,* 1884, 3 vol. in-8, mar. orange, dos orné, dent. int., tête dor., non rognés, couvertures (*Pierson*).

242. GAUTIER (Théophile). Émaux et Camées. Cent douze dessins de Gustave Fraipont. Préface par Maxime du Camp. *Paris, L. Conquet,* 1887, in-16, mar. blanc, dent. à pet. fers, dos orné, dent. int., tête dor., non rogné, couverture illust. (*Pierson*).

Exemplaire imprimé sur **papier du Japon**, contenant **le tirage à part** de toutes les figures et le *Musée secret,* donné en prime aux souscripteurs.

Aquarelle originale de **G. Fraipont** sur le faux-titre.

243. GAUTIER (Théophile). Militona. Un portrait et dix compositions d'Adrien Moreau, gravés par A. Lamotte. *Paris, L. Conquet,* 1887, in-8, mar. vert, fil., dos orné, dent. int., tête dor., non rogné, couverture (*Pierson*).

Exemplaire (n° 17) imprimé sur papier du Japon, contenant les figures en trois états dont l'eau-forte pure.

244. GAUTIER (Théophile). Le petit Chien de la Marquise. Préface par Maurice Tourneux. Vingt et un dessins de Louis Morin. *Paris, L. Conquet,* 1893, in-18, mar. crème, fil., compart. XVIIIe siècle à pet. fers, dos orné, dent. int., tête dor., non rogné, couverture illust. (*Pierson*).

Un des 150 exemplaires imprimés sur papier vélin blanc avec les gravures aquarellées ; on y a ajouté un tirage à part sur papier de Chine de toutes les figures.

245. GAUTIER (Théophile). Jean et Jeannette, illustré de vingt-quatre compositions par Ad. Lalauze. Préface par Léo Claretie. *Paris, A. Ferroud,* 1894, in-8, dos et coins mar. bleu, fil., dos orné, tête dor., non rogné, couverture illust. (*Pierson*).

Un des 100 exemplaires imprimés sur papier du Japon, contenant les figures en états dont trois l'eau-forte pure.

246. GAUTIER (Théophile). Omphale, histoire rococo. Illustrations de Ad. Lalauze. Préface de A. de Claye. *Paris, A. Ferroud,* 1896, in-16, dos et coins mar. grenat, tête dor., non rogné, couverture illust. (*Pierson*).

Exemplaire (n° 33) imprimé sur papier du Japon, contenant les eaux-fortes en trois états, dont l'eau-forte pure.

247. GAUTIER (Théophile). La Chaîne d'or. Illustrations de Georges Rochegrosse. Préface par Marcel Schwob. *Paris, A. Ferroud,* 1896, gr. in-8, mar. bleu, fil., très large encadrem. de fers dorés, de fleurs et de médaillons mosaïqués de mar. rouge, dos orné et mosaïqué, dent. int., tête dor., non rogné, couverture illustrée (*Pierson*).

Tirage unique à 200 exemplaires sur papier vélin, ils contiennent une suite, en tirage à part en noir, des illustrations en couleurs du texte.

248. GAUTIER (Théophile). La Mille et Deuxième nuit ; illustrée

de neuf compositions par Ad. Lalauze. Préface par L. Gastine. *Paris, A. Ferroud*, 1898, in-8, mar. bleu, compart. de 6 fil., angles et dos ornés, large dent. int., tête dor., non rogné, couvert. illust. (*Pierson*).

Exemplaire imprimé sur **papier du Japon**, contenant les figures en trois états, dont **l'eau-forte pure**.

249. GAUTIER (Théophile). Le Pavillon sur l'eau. Compositions en couleurs de Henri Caruchet. Préface par Camille Mauclair. *Paris, A. Ferroud*, 1900, in-8, cartonn. mar. brun, milieu cuir japonais semé d'oiseaux en couleurs, fil. int., gardes formées d'estampes japonaises, non rogné, couverture illust. (*Pierson*).

Un des 50 exemplaires imprimés sur petit **papier du Japon**.

250. GAUTIER (Théophile). Jettatura. Compositions et gravures en couleurs de François Courboin. *Paris, A. Romagnol*, 1904, in-8, mar. grenat, encad. de fil. de feuillages et de petits fers, dos orné, dent. int., tête dor., non rogné, couvert. (*Henry-Joseph*).

Un des 20 exemplaires (n° 11), imprimés sur **papier du Japon**, contenant **quatre états** de toutes les planches.

251. GAUTIER (Théophile). Le Roman de la Momie, quarante-deux compositions originales d'Alex. Lunois, gravées au burin et à l'eau-forte par Léon Boisson. *Paris, Conquet, L. Carteret et Cie*, 1901, gr. in-8, mar. brun, grand encadrement de filets, petits fers et feuillages, dent. int., tête dor., non rogné, couvert. illust. (*Henry-Joseph*).

Exemplaire (n° 94) imprimé sur **papier du Japon**, contenant un **tirage hors texte** de toutes les eaux-fortes avec remarques. On y a joint le prospectus de l'ouvrage.

252. GAUTIER (Théophile). Le Roman de la Momie. Quarante-deux compositions originales d'Alex. Lunois, gravées au burin et à l'eau-forte par Léon Boisson. *Paris, Conquet*, 1901, gr. in-8, mar. vert très clair, compart. de fil., orné d'un scarabée et de fleurs mosaïqués, dos orné et mosaïqué, dent. int., tête dor., non rogné, couvert. illust. (*Pierson*).

Exemplaire (n° 55) imprimé sur **papier vélin** du Marais, contenant un **tirage à part**, avec remarques, de toutes les eaux-fortes.

253. GAZETTE (la) DE CYTHÈRE publiée par Octave Uzanne, avec notice historique. *Paris, Quantin*, 1881, gr. in-8, cartonn. souple de mar. bleu, fil., dos orné, dent. int., tête dor., non rogné.

Un des 50 exemplaires (n° 46) imprimés sur **papier de Chine**, contenant le frontispice en deux états.

254. GEBHART (Émile). Cloches de Noël et de Pâques. Illustrations et décoration de A. Mucha. *Paris, F. Champenois, H. Piazza et Cie, s. d.*, in-4, illustr. en couleurs, demi-rel. mar. bleu, fil., dos orné et mosaïqué, tête dor., non rogné, couverture illust. (*Pierson*).

Exemplaire sur papier vélin à la cuve.

255. GILLE (Philippe). Versailles et les deux Trianons. Texte par Philippe Gille, de l'Institut. Dessins et relevés par Marcel Lambert, architecte des domaines de Versailles et des Trianons. *Tours, A. Mame et fils*, 1899, 2 vol. in-4, mar. bleu, large dent. à petits fers, dos orné, dent. int., tête dor., non rognés, couvertures illustr. (*Pierson*).

Eaux-fortes par *C.-T. Desblois* et *H. Toussaint*, planches aquarellées à la main et héliochromies hors texte; héliochromies et héliogravures dans le texte et hors texte.

Un des 25 exemplaires (n° 18) imprimés sur **papier du Japon**, contenant les eaux-fortes et les héliogravures en deux ou trois états, le troisième état est colorié à la main.

256. GINESTE (Raoul). Soirs de Paris, dessins de Minartz, gravés sur bois par Paillard. *Paris, imprimé pour Henri Béraldi*, 1903, pet. in-8, demi-rel. mar. brun, fil., dos orné et mosaïqué, non rogné, couvert. illust. (*Pierson*).

Tirage unique à 138 exemplaires imprimés sur papier vélin.

257. GOETHE. Les Souffrances du jeune Werther, traduites par le comte Henri de la B... [Bédoyère]. Seconde édition. *Paris, imprimerie de Crapelet*, 1845, in-8, papier de Hollande, mar. La Vall., comp. de fil. à la Du Seuil, fleurons, dos orné, dent. int., tr. dor. (*Raparlier*).

4 figures par *Tony Johannot* gravées à l'eau-forte par *Burdet*, en deux états: **avant la lettre sur Chine, avec la lettre sur blanc.**

On y a joint :

1° Un portrait d'après *Cazenave* ;

2° 10 figures de *Tony Johannot*, épreuves de premier tirage, sur papier de Chine, avant la lettre (Édition Hetzel) ;

3° 4 figures de *Berthon*, gravées par *Duplessi-Bertaux* (Édition de 1797) ;

4° 3 figures de *Moreau le jeune* gravées par *de Ghendt* et *Simonnet* en deux états : avant et avec la lettre.

258. GOETHE. Faust. Traduction de J. Porchat, revue par B. Lévy. *Paris, Hachette et Cie*, 1878, in-fol., figures, dos et coins mar. rouge, fil., tête dor., non rogné (*Champs*).

Compositions de *Liezen-Mayer*, gravées à l'eau-forte par *Bankel, Deimuger, Goldsberg*. Ornements du texte, encadrements et culs-de-lampes par *R. Seitz*, gravés sur bois.

Un des 25 exemplaires (n° 8) imprimés sur papier **Whatman.**

259. GOETHE. Faust. Préface et traduction de H. Blaze de Bury, onze eaux-fortes de Lalauze, gravures de Méaulle d'après Wogel et Scott. *Paris, A. Quantin*, 1880, in-4, mar. rouge, encad. de fil. droits et courbes, chiffre mosaïqué aux angles et marguerite mosaïquée au milieu des plats, dos orné et mosaïqué, doublé de mar. rouge semé de marguerites mosaïquées, gardes étoffe brochée, tête dor., non rogné, couverture (*Allô*).

Un des 10 exemplaires (n° 2) imprimés sur **papier du Japon**, contenant les eaux-fortes en **cinq états** dont trois états en **épreuves d'artiste** et l'**eau-forte pure**, et un **tirage à part** sur Chine de tous les bois.

260. GOETHE. Faust, tragédie. Traduction d'Albert Stapfer avec une préface par P. Stapfer, dessins de J.-P. Laurens, gravés par Champollion. *Paris, Librairie des bibliophiles*, 1885, gr. in-8, mar. noir, fil., grand médaillon doré sur les plats, dos orné et mosaïqué, large dent. int., tête dor., non rogné, couverture (*Pierson*).

Un des 100 exemplaires imprimés sur **grand papier de Hollande**, contenant les figures en **double état** : **avant** et avec la lettre.

261. GOETHE. Le Roi des Aulnes. Erlkönig. Ballade de Goethe et musique de Schubert. Traduction nouvelle de Catulle Mendès. Décorée de treize compositions en couleurs par Bellery-Desfontaines. Gravure d'Ernest Florian. *Paris, Ed. Pelletan*, 1904,

in-4, cartonn. demi-mar. gren., fil., dos orné, tête dor., non rogné, couverture illust. (*Pierson*).

Un des 200 exemplaires (n° 100) imprimés sur papier vélin du Marais.

262. GOLDSMITH (Olivier). Le Vicaire de Wakefield. Traduction nouvelle et complète par B.-H. Gausseron. *Paris, A. Quantin, s. d.*, gr. in-8, illustrations en couleurs de V.-A. Poirson, mar. vert. compart. de fil. et fleuron mosaïqué aux angles, chiffre sur les plats, dos orné et mosaïqué, dent. int., tête dor., non rogné (*Allô*).

Un des 100 exemplaires (n° 2) imprimés sur **papier du Japon**.

263. GOLDSMITH. Le Vicaire de Wakefield. Traduction, préface et notes par Charles Nodier. Eaux-fortes par Ad. Lalauze. *Paris, Librairie des bibliophiles*, 1888, 2 vol. in-8, dos et coins mar. gris, fil. à froid, dos orné et mosaïqué, tête dor., non rogné, couverture (*Pierson*).

Un des 170 exemplaires imprimés sur **papier de Hollande**.

264. GONCOURT (Edm. et J.). Sophie Arnould, d'après sa correspondance et ses mémoires inédits. *Paris, E. Dentu*, 1877, petit in-4, port. gravé par Flameng, encad. à chaque page, dos et coins mar. brun, fil., dos orné, tête dor., non rogné, couverture (*Champs*).

Un des quelques exemplaires imprimés sur **papier de Chine**.

265. GONCOURT (Edm. et J.). Histoire de Marie-Antoinette. Édition ornée d'encadrements à chaque page par Giacomelli et de douze planches hors texte. *Paris, G. Charpentier*, 1878, gr. in-8, dos et coins mar. brun, fil., dos orné, tête dor., non rogné (*Champs*).

Un des 15 exemplaires (n° 1) imprimés sur **papier de Chine**, il contient la planche du *Bol-sein* également tirée sur Chine.

266. GONCOURT (Edm. et J.). La Femme au dix-huitième siècle. Nouvelle édition, revue, augmentée et illustrée de soixante-quatre reproductions sur cuivre par Dujardin d'après les originaux de l'époque. *Paris, Firmin-Didot et Cie*, 1887, in-4, mar.

bleu, fil., chiffre sur les plats, dos orné, dent. int., tête dor., ébarbé (*Allô*).

Un des 75 exemplaires (n° 8) imprimés sur papier du Japon.

267. GONCOURT (Edm. et J.). Madame de Pompadour. Nouvelle édition, revue et augmentée de lettres et documents inédits. Illustrée de cinquante-cinq reproductions sur cuivre par Dujardin et de 2 planches en couleur, par Quinzac d'après les originaux de l'époque. *Paris, Firmin-Didot et Cie*, 1888, in-4, mar. bleu, encad. de 5 fil., chiffre sur les plats, dos orné, dent. int., tête dor., non rogné, couverture (*Champs*).

Exemplaire imprimé sur papier du Japon teinté (n° 59).

268. GONCOURT (Edm. et J.). Histoire de la Société Française pendant la Révolution. *Paris, Quantin*, 1889, in-4, dos et coins mar. rouge, fil., dos orné et mosaïqué, tête dor., non rogné, couverture illust. (*Pierson*).

Un des 25 exemplaires (n° 1) imprimés sur papier du Japon avec les héliogravures en deux états : avant la lettre sur Japon et avec la lettre sur Hollande.

269. GONCOURT (Edmond de). La Fille Élisa. Compositions et eaux-fortes originales de Georges Jeanniot. *Paris, Émile Testard*, 1895, in-8, demi-rel. mar. olive, fil., dos orné, tête dor., non rogné, couvert. illust. (*Pierson*).

Exemplaire imprimé sur papier vélin.

270. GOUDEAU (Émile). Paysages parisiens, heures et saisons. Illustrations composées et gravées sur bois et à l'eau-forte, par Auguste Lepère. *Paris, imprimé pour Henri Béraldi*, 1892, gr. in-8, demi-rel. mar. vert, tête dor., non rog. (*Couvert. illust.*).

Édition tirée à 138 exemplaires numérotés sur papier vélin des papeteries du Marais.

Exemplaire n° 73, au nom de M. le comte A. Werlé.

271. GOUDEAU (Émile). Poèmes parisiens. Illustrations de Ch. Jouas, gravées sur bois par H. Paillard. *Paris, imprimé pour Henri Béraldi*, 1897, in-8, mar. bleu, fil., chiffre sur les plats, dos orné et mosaïqué de mar. orange, dent. int., tête dor., non rogné, couverture (*Domont*).

Édition tirée à 138 exemplaires sur papier de Chine.

272. GOUDEAU (Émile). Parisienne idylle. Illustrations de Pierre Vidal. *Paris, imprimé pour Charles Meunier,* 1903, gr. in-8, cartonn. veau bleu marbré, non rog., couvert. illust., étui (*Cartonn. de l'éditeur*).

Édition tirée à 90 exemplaires.
Un des 70 exemplaires imprimés sur **papier de Chine**, contenant une suite à part sur Japon pelure de tous les bois.

273. GRAND-CARTERET (John). XIXe siècle en France, classes, mœurs, usages, costumes, inventions. Ouvrage illustré d'un frontispice chromotypographique, de 16 planches coloriées au patron, de 36 en-têtes et lettres ornées et de 487 gravures (dont 24 tirées hors texte). *Paris, Firmin-Didot et Cie,* 1893, gr. in-8, demi-rel. mar. crème, tête dor., non rogné (*Pierson*).

Un des 15 exemplaires imprimés sur **papier du Japon**, avec les figures hors texte en deux états.

274. GRANDVILLE (J.-J.). Un autre Monde, transformations, visions, incarnations, ascensions, locomotions, etc., etc. *Paris, H. Fournier,* 1844, in-4, toile bleue, fers à froid, tr. dor. (*Cartonn. de l'éditeur*).

Premier tirage ; les figures hors texte sont coloriées.

275. GRANDVILLE (J.-J.). Les Fleurs animées. Introduction par Alph. Karr, texte par Taxile Delord. *Paris, Gabriel de Gonet,* 1847, 2 vol. gr. in-8, cartonn, toile brune avec plaque dorée, tr. dor. (*Cartonn. de l'éditeur*).

Premier tirage ; figures coloriées.

276. GUÉRIN (Maurice de). Poèmes en prose, le Centaure, la Bacchante. Décorés par Henri Bellery-Desfontaines, gravés par Ernest Florian. *Paris, Édouard Pelletan,* 1901, in-4, mar. grenat, grand encad. de fil. droits et à la grecque, ornements à petits fers, dos orné, large dent. int., tête dor., non rogné, couverture illust. (*Pierson*).

Un des 23 exemplaires (n° 12) réimposés in-4 et imprimés sur **papier du Japon ancien**, contenant une **suite d'épreuves d'artiste** signées sur Chine, plus une collection monochrome et polychrome sur Chine.

277. GUÉRIN (Victor). La Terre-Sainte. Son histoire. Ses sou-

venirs. Ses sites. Ses monuments. *Paris, E. Plon et Cie*, 1882, 2 vol. in-fol., nombreuses illustrations, mar. bleu, comp. de 24 fil. entrelacés, chiffre mosaïqué sur les plats, fleurons aux angles, dos orné, doublé mar. rouge foncé, fil., compart. de petits fers, sphinx et fleurs, gardes en étoffe brochée, tête dor., non rognés (*Allô*).

Exemplaire imprimé sur **papier du Japon** (n° 1), pour M. le comte Werlé. Il a été tiré 20 exemplaires sur ce papier.

278. GUICHES (Gustave). La Pudeur de Sodome. Frontispice gravé à l'eau-forte par Félicien Rops. *Paris, Quantin*, 1888, in-4, demi-rel. mar. crème, fil., dos orné, tête dor., non rogné, couverture (*Pierson*).

Un des 22 exemplaires (n° 1) imprimés sur **papier du Japon**; il ne renferme qu'une seule épreuve du frontispice.

279. GUIGUES (Émile). Séchot et Poulard, fantaisie alpestre. Dessins et texte, par Émile Guigues, d'Embrun. *Grenoble, Em. Baratier*, 1886, gr. in-8, mar. vert clair, jans., chiffre sur les plats, dent. int., tête dor., non rog., couvert. illust. (*Allô*).

Exemplaire imprimé sur **papier du Japon**.

280. GUILLAUME (Albert). Madame veut rire, contenant 100 dessins; préface par une femme du Monde. *Paris, H. Simonis Empis*, 1902, petit in-8, cartonn. mar. La Vall. clair, chiffre sur les plats, fil. int., tr. dor., couvert. illust. (*Pierson*).

Un des 25 exemplaires (n° 21) imprimés sur **papier de Chine**.

281. GUILLLAUMET (Gustave). Tableaux algériens. Ouvrage illustré de douze eaux-fortes par Guillaumet, Courtry, Le Rat, etc., etc., de six héliogravures par Dujardin et de cent vingt-huit gravures en relief d'après les tableaux, les dessins et les croquis de l'artiste. Précédé d'une notice sur la vie et les œuvres de Guillaumet par Eugène Mouton. *Paris, E. Plon, Nourrit et Cie*, 1888, gr. in-8, mar. bleu, fil., dos orné, dent. int., tête dor., non rogné, couverture illust. (*Pierson*).

Un des 25 exemplaires (n° 1) imprimés sur **papier du Japon**, contenant les eaux-fortes en trois états.

282. GUILLAUMOT (Maurice). Entr'actes de Pierres. Eaux-fortes d'Eugène Béjot, *Paris, H. Floury, s. d.*, pet. in-4, demi-rel. mar. vert, fil., dos orné, tête dor., non rogné, couvert. illust. (*Pierson*).

Exemplaire imprimé sur papier vergé d'Arches.

283. HALÉVY (Ludovic). L'Invasion, souvenirs et récits, par Ludovic Halévy. *Paris, Michel Lévy*, 1872, in-12, mar. rouge, fil., dos orné, dent. int., tête dor., non rogné, couverture (*Pierson*).

Édition originale.

Un des 30 exemplaires imprimés sur **papier de Hollande**; il est enrichi dans les marges de 30 jolies petites **aquarelles originales** de **Sta.**

284. HALÉVY (Ludovic). La Famille Cardinal. *Paris, Calmann Lévy*, 1883, in-16, mar. grenat, encad. de 3 fil., dos orné, dent. int., tr. dor., couverture (*Chambolle-Duru*).

Un des 200 exemplaires imprimés sur **papier vergé** du Marais; ornés d'un frontispice et de 8 vignettes de *Mas*, gravés par *Massard*; celui-ci contient le **tirage à part** sur Chine des vignettes et il est orné dans les marges de 195 **aquarelles originales** de **Henriot.**

285. HALÉVY (Ludovic). Trois coups de foudre. Dix dessins de Kauffmann, gravés par T. de Mare. *Paris, L. Conquet*, 1886, in-18, dos et coins mar. orange, fil., dos orné, tête dor., non rogné.

Un des 30 exemplaires (n° 9) imprimés sur **papier du Japon**; contenant les eaux-fortes en trois états dont l'**eau-forte pure**. Il est orné d'une **aquarelle originale** de **H. Somm** hors texte, comme frontispice, et, sur le faux-titre, d'une autre **aquarelle originale** de **Kauffmann.**

286. HALÉVY (Ludovic). L'Abbé Constantin. Illustré par Madame Madeleine Lemaire. *Paris, Boussod, Valadon et Cie*, 1887, in-4, mar. bleu, grand encad. de fil. dorés et de coquelicots de mar. rouge, chiffre mosaïqué au milieu des plats, dos orné et mosaïqué, dent. int., doublé d'étoffe brochée, tête dor., non rogné, couverture (*Champs*).

Un des 50 exemplaires imprimés sur **papier du Japon**, contenant les **figures en trois états dont un sur satin**; il est orné, sur le faux-titre, d'une **aquarelle originale** de Mme **Madeleine Lemaire.**

287. HALÉVY (Ludovic). Karikari, aquarelles d'après Henriot. *Paris, L. Conquet,* 1888, in-18, rel. souple en mar. orange, tête dor., non rogné (*Couvert. illust.*).

Exemplaire imprimé sur **papier du Japon**, avec les vignettes coloriées, offert par l'éditeur.

288. HALÉVY (Ludovic). Notes et souvenirs de Mai à Décembre 1871. *Paris, Boussod, Valadon et Cie*, 1888, in-4, mar. bleu, fil., dos orné, dent. int., tête dor., non rogné, couverture (*Pierson*).

Édition originale, tirée à 200 exemplaires sur **papier du Japon.**

289. HALÉVY (Ludovic). La Famille Cardinal. Compositions de Charles Léandre, gravées à l'eau-forte par Louis Muller. *Paris, Testard,* 1892, gr. in-8 ; dos et coins mar. La Vall., fil., dos orné, tête dor., non rogné, couverture illust. (*Pierson*).

Un des 75 exemplaires (n° 47) imprimés sur **papier du Japon** ; il renferme les eaux-fortes en quatre états : **eau-forte pure**, avant la lettre en noir, avec remarque, avant la lettre en bistre et avec la lettre et le **tirage à part** des vignettes sur bois.

290. HALÉVY (Ludovic). Mariette. Quarante compositions de Henry Somm. *Paris, L. Conquet,* 1893, in-8, demi-rel. mar. citron, fil., dos orné, tête dor., non rogné, couverture illust. (*Pierson*).

Exemplaire imprimé sur **papier du Japon** (n° 22), contenant les **figures coloriées** et un **tirage à part**, sur papier de Chine, de toutes les illustrations.

291. HAMILTON (Antoine). Mémoires du comte de Grammont, histoire amoureuse de la cour d'Angleterre sous Charles II. Préface et notes par Benjamin Pifteau, frontispice, six eaux-fortes par J. Chauvet, lettres, fleurons et culs-de-lampe par Léon Lemaire. *Paris, Jules Bonnassies,* 1876, in-8, mar. tête de nègre, fil., dos orné, dent. int., tr. dor. (*Champs*).

Un des 30 exemplaires (n° 12) imprimés sur **papier Whatman** ; contenant **les eaux-fortes en trois états.**

292. HAMILTON. Mémoires du comte de Grammont, par Antoine Hamilton. Un portrait de A. Hamilton et trente-trois compositions de C. Delort, gravés au burin et à l'eau-forte par L. Boisson. Préface de H. Gausseron. *Paris, L. Conquet,* 1888, gr.

in-8, mar. vert, encad. de 5 fil., chiffre sur les plats, dos orné, dent. int., tête dor., non rogné, couverture illustrée (*Champs*).

Exemplaire imprimé sur **papier du Japon** (n° 17), contenant les figures en trois états dont **l'eau-forte pure.**

Aquarelle originale de **C. Delort** sur le faux-titre.

293. HARAUCOURT (Edmond). L'Effort, la Madone, l'Antéchrist, l'Immortalité, la Fin du Monde. *Paris, publié pour les Sociétaires de l'Académie des beaux livres,* 1894, pet. in-4, mar. vert foncé, fil., branches de lys mosaïquées sur le premier plat et le dos, dent. int., tête dor., non rog., couverture illust. (*Pierson*).

Illustrations de *Rudincki, Lunois, Eugène Courboin, Carloz Schwabe, Alexandre Léon.*

Publication de la Société des Bibliophiles contemporains.

294. HENNIQUE (Léon). La Mort du duc d'Enghien, en trois tableaux. Compositions de Julien Le Blant. Eaux-fortes de Louis Muller. *Paris, Ém. Testard,* 1895, in-8, dos et coins mar. bleu, fil., dos fleurdelisé et orné de larmes, tête dor., non rog., couvert. illust. (*Pierson*).

Exemplaire imprimé sur papier vélin.

295. HENNIQUE (Léon). Pœuf. Édition illustrée de 45 dessins inédits de Jeanniot, gravés sur bois par Viejo. *Paris, H. Floury,* 1899, gr. in-8, dos et coins, mar. orange, fil., dos orné, tête dor., non rogné, couverture illust. (*Pierson*).

Un des 40 exemplaires (n° 46) **imprimés sur papier du Japon.**

296. HENNIQUE (Léon). La Rédemption de Pierrot, pantomime (interdite par l'autorité compétente). Cinq eaux-fortes de Louis Morin. *Paris, A. Ferroud,* 1903, pet. in-8, cartonn. demi-mar. gris, fil., dos orné, tête dor., non rogné, couverture (*Pierson*).

Un des 25 exemplaires (n° 5) **imprimés sur papier du Japon,** contenant les figures en trois états **dont l'eau-forte pure.**

297. HENNIQUE (Léon). Deux Patries. Drame en cinq tableaux dont un prologue. Nouvelle édition, illustrée de compositions originales par Bertrand, gravées au burin et à l'eau-forte par Léon Boisson. *Paris, L. Carteret, et Cie,* 1903, in-8, dos et coins

mar. vert, fil., dos orné, tête dor., ébarbé, couvert. illust. (*Pierson*).

Exemplaire (n° 96) de grand choix imprimé sur **papier du Japon**, contenant un **tirage à part**, avec remarques, des illustrations.

298. HENNIQUE (Léon). Deux Patries. Drame en cinq tableaux dont un prologue. Nouvelle édition, illustrée de compositions originales par Bertrand, gravées au burin et à l'eau-forte par Léon Boisson. *Paris, L. Carteret et Cie*, 1903, in-8, demi-rel. mar. vert, fil., dos orné, tête dor., non rogné (*Couvert. illust.*).

Exemplaire (n° 54) de grand choix imprimé sur **papier vélin**, contenant un **tirage à part**, avec remarques, des illustrations.

299. HENNIQUE (Léon). Le Songe d'une nuit d'hiver. Pantomime inédite. Dix compositions de Jules Chéret, gravées à l'eau-forte par Bracquemond. *Paris, F. Ferroud*, 1903, in-8. dos et coins de mar. gris, fil., dos orné, tête dor., non rog., couvert. illust.

Exemplaire n° 6 imprimé sur **papier vélin d'Arches**, contenant les figures en trois états, dont **l'eau-forte pure**.

300. HENNIQUE (Nicolette). Les douze Labeurs héroïques. Illustrés de douze compositions dessinées et gravées par Gaston Bussière. Préface de Mme Alphonse Daudet. *Paris, A. Ferroud*, 1903, in-8, dos et coins mar. lilas, fil., dos orné, tête dor., non rogné, couverture (*Pierson*).

Un des 15 exemplaires (n° 6) imprimés sur **papier du Japon** : contenant trois états des eaux-fortes et une **aquarelle originale** de **Gaston Bussière.**

301. HENRIOT. Album Parisien. Théâtres (Le Maître des forges. — Le Fils de Porthos. — Francillon, salade japonaise d'Alex. Dumas fils. — Renée ou la Vie de famille (pièce de M. Émile Zola). — La Walkyrie. — Revue de l'année. — Les grandes manœuvres. — Paris sans Paris). *Paris*, 1887, in-4, oblong, cartonn. toile, non rog.

Manuscrit autographe sur **papier du Japon**, orné de 148 **dessins** ou spirituelles **aquarelles originales** de **Henriot**; 24 de ces aquarelles sont très importantes.

302. HÉRICAULT (Charles d'). La Révolution 1789-1882. Appendices par Emm. de Saint-Albin, Victor Pierre et Arthur Loth. *Paris, D. Dumoulin et Cie*, 1883, in-4, mar. grenat, fil., dos orné, dent. int., tête dor., non rogné (*Pierson*).

Un des 150 exemplaires (n° 19) imprimés sur **papier vélin de cuve.**

303. HERMANN-PAUL. Le Veau gras, roman dessiné. *Paris, Charpentier et Fasquelle*, 1904, pet. in-8, cartonn., dos et coins toile verte, tête dor., non rogné (*Couvert. illust.*).

Un des 50 exemplaires (n° 22) imprimés spécialement sur **papier de Chine** pour MM. L. Carteret et Cie.

304. HERVIEU (Paul). Flirt. Illustré par Madame Madeleine Lemaire. *Paris, Boussod, Valadon et Cie*, 1890, in-4, mar. bleu, orné de clochettes et d'œillets mosaïqués, dos orné et mosaïqué, doublé de soie La Vall., encad. de 8 fil., avec chiffre aux angles, tr. dor., couverture (*Marius Michel*).

Un des 20 exemplaires (n° 14) imprimés sur **papier Whatman** ; les planches de ces vingt exemplaires sont imprimées en couleurs et le faux-titre est orné d'une **aquarelle originale** de **Madeleine Lemaire.**

305. HEURES (Les) de la Très Sainte Vierge. Illustrées par Guillaume Dubufe. *Paris, Boussod, Valadon*, 1895, pet. in-8, mar. bleu, jans., dent. int., tête dor., non rogné (*Pierson*).

Édition de grand luxe tirée à 30 exemplaires imprimés sur papier vélin, ornés de 20 photogravures tirées en fac-similé d'aquarelles.

306. HISTOIRE DES MOEURS ET DU COSTUME DES FRANÇAIS dans le dix-huitième siècle, ornée de douze estampes dessinées par Sigismond Freudenberg et gravées par les premiers artistes. — Monument du costume physique et moral de la fin du XVIIIe siècle, ou tableaux de la vie, ornés de vingt-six figures dessinées et gravées par Moreau le jeune et par d'autres célèbres artistes. Texte par Restif de La Bretonne, revu et corrigé par M. Charles Brunet. Préfaces par M. Anatole de Montaiglon, avec la vie de Freudenberg traduite de l'allemand pour la première fois. *Paris, Léon Willem*, 1876-1878, 2 ouv. en 1 vol. in-fol., mar. rouge foncé, fil. et dent., grand compart. de filets

et dent. à petits fers, chiffre mosaïqué sur les plats, dos orné, doublé mar. bleu, fil., très large dent. à petits fers, gardes en étoffe brochée, tête dor., non rogné (*Allô*).

Un des 30 exemplaires (nos 22 et 29) imprimés sur **papier de Hollande**, contenant les gravures, sur Chine, en deux **états** : en bistre et en noir **avant** la lettre.

On a joint aux figures de Moreau une **troisième suite, coloriée** à la main.

307. HISTORIAL DU JONGLEUR (L'). Chroniques et légendes françaises publiées par MM. Ferdinand Langlé et Émile Morice, ornées d'initiales, vignettes et fleurons imités des manuscrits originaux. Imprimé par Firmin Didot imprimeur du Roi, pour Lami-Denozan, libraire. *Paris, à la galerie de Bossange père,* 1829, in-8, veau viol., comp. de 2 fil. dor., grande plaque à froid, dos orné, dent. int., tr. dor. (*Thouvenin*).

Texte imprimé en caractères gothiques.

Bel exemplaire avec les figures et les lettres coloriées. Reliure très fraîche.

308. HOLMES (Richard-R.). Queen Victoria. *Boussod, Valadon et Cie, London, Paris,* 1897, in-4, mar. rouge, chiffre sur les plats, fil., dos orné, dent. int., tête dor., non rogné, couverture (*Stroobants*).

Illustrations d'après les documents contemporains.

309. HOMÈRE. Nausikaa, traduction de Leconte de Lisle. Compositions décoratives par Gaston de Latenay. *Paris, H. Piazza et Cie,* 1899, in-4, mar. olive, large encad. de fil. et de fleurs mosaïquées, dos orné et mosaïqué, dent. int., tête dor., non rogné, couverture illust. (*Pierson*).

Un des 25 exemplaires imprimés sur **papier du Japon** (n° 34) ; contenant une suite en noir sur papier de Chine de toutes les figures.

310. HOUCHART (E.). Estelle. Poème en français et en provençal en regard, illustré de planches artistiques hors texte. *Avignon, Aubanel frères, s. d.,* in-8, dos et coins mar. vert, fil., dos orné, tête dor., non rog., couvert. illust. (*Champs-Stroobants*).

Un des 15 exemplaires (n° 13) imprimés sur **papier du Japon**.

311. HOUSSAYE (Arsène). Molière, sa femme et sa fille. *Paris, Dentu, au Palais-Royal,* 1880, in-fol., mar. rouge, fil., compart. de 8 fil. pleins et au pointillé, angles ornés à petits fers, chiffre mosaïqué sur les plats, dos orné, dent. int., gardes de moire bleue, tête dor., non rogné, couverture (*Allô*).

36 planches hors texte, (photogravures et eaux-fortes).

Un des 75 exemplaires au cachet de Molière, imprimés sur **papier Whatman**, contenant le frontispice par *Monsanto*, d'après *Geffroy*, gravé par *Laguillermie*, en trois états dont un sur **satin** et les figures hors texte en deux états avant la lettre : noir sur Japon et en sanguine sur Hollande.

312. HOUSSAYE (Henry). Aspasie. Cléopâtre. Théodora. Illustrations de A. Giraldon. *Paris, Imprimé pour les Amis des livres,* 1899, gr. in-8, mar. La Vall., 8 filets entrelacés, gerbe de fleurs mosaïquées sur le premier plat, dos orné, dent. int., tête dor., non rog., couverture (*Pierson*).

Publication imprimée à 120 exemplaires.

313. HOUSSAYE (Henri). La Charge, tableau de Detaille. Dessin d'Édouard Detaille. *Paris. Perrin et Cie*, 1894, in-8, cartonn. demi-mar. rouge, tête dor., non rogné, couverture (*Pierson*).

Un des 25 exemplaires (n° 22) imprimés sur **papier de Hollande** souscrits par la Librairie Conquet et contenant le frontispice en 2 états : sur Hollande et sur Chine.

314. HUARD (Ch.). Berlin comme je l'ai vu. Texte et dessins par Charles Huard. *Paris, Eugène Rey,* 1907, pet. in-8, broché (*Couvert.*).

Un des 100 exemplaires (n° 18) imprimés sur **papier du Japon**.

315. HUGO (Victor). Les Orientales. Illustrées de huit compositions de MM. Gérôme et Benjamin Constant, gravées à l'eau-forte par M. de Los Rios. *Paris, Imprimé pour les Amis des livres,* 1882, in-4, mar. rouge, encad. de 10 fil., chiffre sur les plats, dos orné, large encad. int., tête dor., non rogné, couverture (*Allô*).

Édition tirée à 135 exemplaires sur **papier du Japon**, avec les 8 eaux-fortes en deux états.

On a ajouté à cet exemplaire une suite d'**épreuves d'artiste** sur papier vélin fort, signées par le graveur. L'eau-forte de la *Chanson des Pirates* est en cinq états.

316. HUGO (Victor). Le Roi s'amuse. *Paris, Société de publications périodiques*, 1883, in-4, mar. grenat, fil., chiffre sur les plats, dos orné, dent. int., tête dor., non rogné (*Allô*).

Un des 50 exemplaires imprimés sur papier du Japon.
Illustrations de *J.-L. Laurens, Luc.-Olivier Merson, Émile Bayard*, etc.

317. HUGO (Victor). Notre-Dame de Paris. Illustrations de Luc-Olivier Merson. *Paris, A. Ferroud*, 1889-1890, 2 vol. pet. in-4, dos et coins mar. grenat, fil., dos orné, tête dor., non rog. (*Couvert. illust.*).

Un des 50 exemplaires (n° 43) imprimés sur papier vergé, avec une double suite avant la lettre de toutes les eaux-fortes.

318. HUGO (Victor). Eviradnus. Vingt-six compositions de P.-M. Ruty, dont vingt sur bois, et six hors texte gravées au burin par P. Gusman. *Paris, Soc. franc. d'éditions d'art, L. Henry May, s. d.*, in-8, dos et coins mar. rouge foncé, fil., dos orné, tête dor., non rogné, couverture (*Pierson*).

Un des 40 exemplaires imprimés sur vélin à la forme, avec deux suites des eaux-fortes : eaux-fortes pures et avant la lettre.

319. HUGO (Victor). Ruy Blas, drame en cinq actes. Un portrait et quinze compositions, d'Adrien Moreau, gravées à l'eau-forte par Champollion, *Paris, L. Conquet*, 1889, gr. in-8, mar. orange, fil., bouquet de fleurs mosaïquées sur les plats, chiffre mosaïqué, dos orné de fleurs mosaïquées, dent. int., tête dor., non rogné, couverture (*Champs*).

Exemplaire imprimé sur papier du Japon, contenant les figures en trois états dont l'eau-forte pure.

320. HUGO (Victor). Cinq poèmes. Booz endormi. — Bivar. — O soldats de l'an deux ! — Après la bataille. — Les pauvres gens, ornés de trente-cinq compositions d'Auguste Rodin, Eugène Carrière, Daniel Vierge, Willette, Steinlen, etc., etc. *Paris, Édouard Pelletan*, 1902, in-4, mar. rouge foncé, orné, sur le premier plat, d'une grande lyre et de feuilles de laurier mosaïquées,

et sur l'autre plat, d'une branche de laurier mosaïquée, chiffre aux angles, doublé de soie brochée, couverture (*René Kieffer*).

Un des 10 exemplaires (n° 10) imprimés sur **papier du Japon ancien**, contenant une collection d'**épreuves d'artiste**, sur Chine, de toutes les gravures.

321. HURTADO DE MENDOZA. Vie de Lazarille de Tormès. Traduction nouvelle et préface de A. Morel-Fatio. Nombreuses illustrations et eaux-fortes de M. Maurice Leloir. *Paris, H. Launette et Cie*, 1886, in-8, en feuilles, dans un emboîtage en mar. vert (*Couvert. illust.*).

Un des 50 exemplaires (n° 12) imprimés sur **papier du Japon**, contenant une triple suite des eaux-fortes, et, sur le faux-titre, une **aquarelle**, à deux personnages, de **Maurice Leloir**.

Cet exemplaire contient une suite tirée à part sur Japon de toutes les vignettes intercalées dans le texte.

322. HUYSMANS (J.-K.). Croquis parisiens. Eaux-fortes de Forain et Raffaelli. *Paris, Henri Vaton*, 1880, in-8, demi-rel. mar. violet, tête dor., non rogné, couverture (*Pierson*).

Exemplaire imprimé sur **papier de Hollande** contenant les figures en trois états; il renferme 2 figures (en 4 états) de *Forain* refusées par l'auteur, comme ne se rapportant pas à son sujet.

323. HUYSMANS (J.-K.). La Cathédrale. *Paris, P.-V. Stock*, 1898, in-12, figures, demi-rel. mar. bleu, fil., dos orné, tête dor., non rogné, couverture (*Pierson*).

Édition originale.

Un des 100 exemplaires (n° 51) imprimés sur **papier de Hollande**, contenant une eau-forte (portrait inédit de l'auteur), par *Eugène Delatre* et un frontispice en couleurs de *Pierre Roche*, sur parchemin églomisé. Les titres, lettres ornées et culs-de-lampe sont tirés en rouge.

324. HUYSMANS (J.-K.). La Bièvre. Les Gobelins. Saint-Séverin. *Paris, Société de propagation des Livres d'art*, 1901, gr. in-8, rel. en veau fauve, fleurs de lierre et titre du livre en pyrogravure, tr. dor., non rogné, couverture (*Champs-Lepreux*).

Illustrations de *A. Lepère*.

325. IMAGE (L'). Revue littéraire et artistique, ornée de figures sur bois. Cette Revue, fondée par la corporation des graveurs sur bois, a été publiée sous la direction littéraire de Roger Marx

et Jules Rais et sous la direction artistique de Tony Beltrand, Auguste Lepère et Léon Rouffe. *Paris, Floury, décembre 1896 à décembre 1897*, in-4, cartonn. en étoffe, ébarbé (*Couvert. des livraisons et couvert. du livre*).

Un des 100 exemplaires (n° 98) imprimés sur **papier de Chine** avec un **tirage à part**, sur Chine, de toutes les illustrations et les fumés de douze planches importantes ayant paru dans le texte.

326. IMITATION DE JÉSUS-CHRIST. *Paris, L. Curmer*, 1856. Appendice. Notice de M. Jules Janin. Auteurs présumés de l'Imitation, par M. l'abbé Delaunay. Histoire de l'ornementation des manuscrits, par M. Ferdinand Denis. Etc., etc. *Id.*, 1858. — Ens. 2 vol. in-4, mar. rouge, angles et dos fleurdelisés, dent. int., tr. et tête dor.

Frontispice, titres ornés, bordures historiées pour la préface, encadrements à chaque page, et 4 planches hors texte — le tout en chromolithographie.

L'*Appendice* contient l'Avis préliminaire qui manque souvent et les 4 photographies hors texte.

Premier tirage.

327. IMITATION DE JÉSUS-CHRIST. Traduction de Michel de Marillac. Compositions par J.-P. Laurens gravées à l'eau-forte par Léopold Flameng. *Paris, A. Quantin*, 1878, pet. in-8, en feuilles, dans un carton demi-veau fauve.

Exemplaire unique imprimé sur **peau de vélin**, contenant les épreuves des planches en quatre états : **avant toute lettre** en noir sur vélin et sur Japon, en bistre, avant la lettre sur Whatman et avant la lettre sur Hollande.

328. IMITATION DE JÉSUS-CHRIST. Traduction de F. de Lamennais. *Paris, Gruel-Engelmann, s. d.* (1883), in-fol., mar. citron, plats et dos entièrement couverts de compartiments de mar. rouge à la Grolier remplis de feuillages à petits fers, et de fers azurés, chiffre mosaïqué au milieu des plats, encad. int. de mar. rouge orné de filets entrelacés, gardes de moire, tête dor., non rogné, étui en mar. blanc (*Allô*).

Belle édition en caractères gothiques, ornée de planches et d'encadrements en chromolithographie d'après les manuscrits du XIIIe au XVIe siècle.

Très riche reliure.

329. IRVING (Washington). Rip van Winkle. Illustré par Arthur Rackham. *Paris, Hachette et Cie*, 1906, in-4, figures hors texte en couleurs, cartonn. vélin illust. des éditeurs, tête dor., non rog.

Édition de luxe imprimée sur papier **Whatman** à 200 exemplaires. Illustrations photographiques en couleurs, montées sur bristol brun.

330. JACCACI (Auguste). Au pays de Don Quichotte. Illustrés par Daniel Vierge. *Paris, Hachette et Cie*, 1901, in-8, mar. gris, encad. de 3 fil., plats ornés de citrons et feuilles de citronnier, encad. int. de 7 fil., gardes de chag. bleu, tr. dor., couverture illust. (*René Kieffer*).

Un des 5 exemplaires imprimés sur **papier du Japon**.

331. JANIN (Jules). Debureau. Histoire du Théâtre à quatre sous, pour faire suite à l'histoire du Théâtre français (par Jules Janin). Ornée de neuf vignettes gravées par Porret et Cherrier d'après les dessins de Chenavard, Tony Johannot et Bouquet. *Paris, Charles Gosselin*, 1832, pet. in-8, cartonn. toile grise, non rogné.

Édition originale, tirée à 25 exemplaires.

Un des 12 exemplaires imprimés sur **papier de couleur** : celui-ci est sur papier jonquille.

La couverture a été collée sur le cartonnage.

332. JAYBERT (Léon). Trois dizains de Contes gaulois. Illustrations de Le Natur. *Paris, Rouveyre*, 1882, in-12, broché (*Couvert.*).

Un des 50 exemplaires sur **papier du Japon**, avec le frontispice en trois états et auquel on joint :

1° Les 92 **dessins originaux** du livre, à la plume ;

2° 84 fumés sur Chine des vignettes ;

3° 30 **dessins originaux** à la sépia de **Chauvet**.

333. JULLIEN (Adolphe). La Comédie à la Cour. Les théâtres de société royale pendant le siècle dernier. La duchesse du Maine et les grandes nuits de Sceaux. Madame de Pompadour et le théâtre des petits cabinets. Le théâtre de Marie-Antoinette à Trianon. *Paris, Firmin-Didot, s. d.*, in-4, mar. rouge, fil., chiffre

sur les plats, dos fleurdelisé, dent. int., tête dor., non rogné, couverture (*Allô*).

Un des 10 exemplaires (n° 7) imprimés sur **papier du Japon**, contenant une **double suite** des gravures, **avant** la lettre, en sanguine, et en noir.

334. KLEIST (Henri de). La Cruche cassée, comédie en un acte, traduite de l'allemand par Alfred de Lostalot. Avec 34 illustrations gravées sur bois d'après les compositions originales d'Adolphe Menzel. *Paris, Firmin Didot et Cie*, 1884, in-fol., cartonn. illust. des éditeurs. (*Couvert. illust.*).

Un des 50 exemplaires (n° 29) imprimés sur **papier du Japon**.

335. KRAFFT (Hugues). Souvenirs de notre tour du monde. Ouvrage illustré de 24 phototypies et contenant 5 cartes. *Paris, Hachette et Cie*, gr. in-8, mar. vert clair, 3 fil., chiffre sur les plats, dos orné, dent. int., tête dor., non rogné (*Allô*).

Un des 50 exemplaires (n° 3) imprimés sur **papier du Japon** ; 15 exemplaires seulement ont été mis en vente.

336. LABORDE (de). Choix de Chansons, mises en musique par M. de Laborde, gouverneur du Louvre, ornées d'estampes en taille-douce. *Rouen, J. Lemonnyer*, 1881, 4 vol. gr. in-8, mar. bleu, petite dent., compart. de 5 fil., avec angles ornés, chiffre mosaïqué sur les plats, dos orné, fil. large, dent. int., doubl. de moire rouge, tête dor., non rognés, couvert. illust. (*Allô*).

Un des 50 exemplaires (n° 1) imprimés sur **papier du Japon**, contenant les figures en trois états : en noir, bistre et sanguine.

337. LACROIX (Paul). XVIIe siècle. Lettres, sciences, arts, institutions, usages et costumes. France 1590-1700. *Paris, Firmin Didot et Cie*, 1880-1882, 2 vol. — XVIIIe siècle, Institutions, usages et costumes, lettres, sciences et arts, France, 1700-1789. *Paris, id.*, 1875-1878, 2 vol. — Ens. 4 vol. in-4, mar. rouge, fil., dos orné, dent. int., tête dor. et tr. dor., non rognés (*Champs*).

70 chromolithographies et 1 200 gravures sur bois. Exemplaires imprimés sur **grand papier**.

338. LACROIX (Paul). Ma République, précédée d'un à-propos

de l'auteur. Sept eaux-fortes originales de Ed. Rudaux. *Paris, L. Carteret et Cie*, 1902, pet. in-8, dos et coins mar. rouge, fil., dos orné et mosaïqué, tête dor., non rogné, couverture (*Pierson*).

Un des 100 exemplaires (n° 72) de grand choix imprimés sur **papier du Japon**, contenant les figures en deux états : **avant** et avec la lettre.

339. LA FAYETTE (Madame de). La Princesse de Clèves. Préface par Anatole France. Un portrait et douze compositions de Jules Garnier, gravés par A. Lamotte. *Paris, L. Conquet*, 1889, in-8, dos et coins mar. bleu clair, fil., dos orné, tête dor., non rogné (*Couvert.*).

Exemplaire imprimé sur **grand papier vélin** du Marais, contenant les figures en trois états dont **l'eau-forte pure.**

Aquarelle originale de **Jules Garnier**, sur le faux-titre.

340. LA FONTAINE. Contes et nouvelles en vers. *Lyon, N. Scheuring*, 1874-1875, 2 vol. in-8, port., titre gravé, fig. et vignettes, mar. rouge, fil., dos orné, dent. int., tête dor., non rog. (*Champs*).

Papier de Hollande.

341. LA FONTAINE. Contes et nouvelles en vers. *Rouen, J. Lemonnyer*, 1879, 2 vol. in-8, portrait et vignettes à mi-page, mar. rouge, fil., dos orné, tête dor, non rognés (*Pierson*).

Un des 50 exemplaires imprimés sur **papier de Chine.**

342. LA FONTAINE. Contes. Avec illustrations de Fragonard. Réimpression de l'édition de Didot, 1795, revue et augmentée d'une notice par M. Anatole de Montaiglon. *Paris, J. Lemonnyer*, 1883, 2 vol. in-4, mar. gren., comp. de fil., angles ornés à petits fers, chiffre mosaïqué sur les plats, dos orné, dent. int., gardes de moire maïs, tête dor., non rognés (*Allô*).

Un des 100 exemplaires (n° 43) imprimés sur **papier du Japon**, contenant :

1° La réimpression des figures de l'édition de 1795 et celles de *Martial* en deux états : en noir et en bistre :

2° Les 14 compositions complémentaires de *Martial* en 3 états : **eau-forte-pure**, et avant la lettre, en noir et en bistre ;

3° Les 14 **dessins originaux** de ces figures. Ces dessins sont exécutés à la sépia et à la grandeur des eaux-fortes.

On y a joint un vol. in-fol., même reliure, contenant les (60) *Figures des Contes de La Fontaine, gravées par Martial,* publiées par la librairie Pierre Rouquette d'après les originaux de la bibliothèque de M. Eugène Paillet ; elles sont en quatre états : eau-forte pure, avant la lettre, avec remarques, en bistre et en noir; ces trois suites sur Hollande ; et avant la lettre sur vélin, signatures à la pointe.

On y a ajouté le portrait de Fragonard gravé par *T. de Mare* d'après *Lemoine,* en huit états.

343. LA FONTAINE. Suite d'estampes d'après Lancret, Pater, Eisen, Boucher, etc. pour illustrer les Contes de La Fontaine, gravées au burin par Depollier aîné, trente-huit planches in-4 et deux vignettes gravées en taille-douce. *Paris, Jules Lemonnyer,* 1885, in-4 oblong, dos et coins mar. rouge foncé, fil., dos orné, tête dor., non rogné (*Champs*).

Exemplaire imprimé sur papier du Japon, contenant les figures en quatre états dont les eaux-fortes pures.

344. LA FONTAINE. Fables, avec une préface par M. Théodore de Banville, compositions inédites de Moreau, gravées par Milius. — Fables de Florian, préface par Anatole de Montaiglon. Compositions inédites de Moreau, gravées par Martial. *Paris, Rouquette,* 1882-1883. — Ens. 3 vol. in-18, mar. violet, fil., angles et dos ornés de feuillages à petits fers, chiffre mosaïqué sur les plats, dent. int., tête dor., non rognés (*Allô*).

Exemplaires imprimés sur papier du Japon, contenant les figures en 5 états (pour La Fontaine) et en trois (pour Florian).

345. LA FONTAINE. Fables. Édition illustrée de 75 planches à l'eau-forte par A. Delierre. *Paris, A. Quantin,* 1883, 2 vol. in-4, mar. grenat, jans., chiffre sur les plats, dent. int., tête dor., non rognés (*Champs*).

Un des 50 exemplaires (n° 35) imprimés sur papier Whatman, contenant les eaux-fortes en deux états : avant toute lettre sur Japon et avec la lettre sur Whatman.

346. LA FONTAINE. Fables, illustrées par Benjamin Rabier.

310 compositions dont 85 en couleurs. *Paris, Jules Taillandier, s. d.*, in-4, br. (*Couvert. illust.*).

Un des 20 exemplaires (n° 9) imprimés sur **papier du Japon** pour la Librairie L. Carteret.

347. LAMARTINE (A. de). Harmonies poétiques et religieuses. *Paris, Charles Gosselin,* 1830, 2 vol. in-8, vignettes d'A. et Tony Johannot gravées par Porret, mar. noir, fil., dos ornés, fil. et large dent. int., tête dor, non rognés, couvertures illust. (*Pierson*).

Édition originale.

348. LAMARTINE (A. de). Jocelyn, épisode. Avec dessins de Besnard, gravés par de Los Rios. Portrait gravé par Champollion. *Paris, Librairie des bibliophiles,* 1885, gr. in-8, mar. bleu, chiffre sur les plats, dent. int., tête dor., non rog. (*Allô*).

Un des 160 exemplaires imprimés sur **grand papier vélin de Hollande.**

349. LAMARTINE (A. de). Graziella, avec une préface par L. de Ronchaud. Dessins de Bramtot, gravés par Champollion. *Paris, Librairie des bibliophiles,* 1886, gr. in-8, mar. bleu, jans., chiffre sur les plats, dent. int., tête dor., non rogné (*Allô*).

Un des 160 exemplaires imprimés sur **papier vélin de Hollande.**

350. LANG (Andrew). Prince Charles Edward. *London, Paris, Goupil et Cie,* 1900, in-4, nomb. illust., mar. La Vall., encad. de 5 fil., chiffre mosaïqué sur les plats, dos orné, large dent. int., tr. dor., couverture (*Champs*).

Exemplaire imprimé sur **papier du Japon** avec les illustrations en deux états.

351. LANG (Andrew). Prince Charles Edward. *London, Paris, Goupil et Cie,* 1900, in-4, demi-rel., mar. La Vall., dos orné, tête dor., non rogné, couverture (*Pierson*).

Nombreuses illustrations d'après des documents contemporains.

352. LAVALETTE (S.). Fables de S. Lavalette. Illustrées par Grandville. Suivies de poésies diverses illustrées par Gérard

Séguin. *Paris, J. Hetzel et Paulin,* 1841, in-8, dos et coins mar. vert à longs grains, fil., dos orné, tête dor., couverture (*Pierson*).

Premier tirage.

353. LÉANDRE (C.). L'Homme (roi des animaux) dans ses principales transformations, 23 planches dans un carton, gr. in-fol.

23 lithographies tirées sur papier de Chine, montées sur bristol; toutes les planches sont signées par l'artiste au crayon bleu.

354. L'EAU. 23 compositions par A. Sézanne, de l'Académie de Bologne. Texte par Alphonse Daudet, Paul Arène, Charles Yriarte et Henri de Parville. *Paris, J. Rothschild,* 1889, in-fol., en feuilles dans un carton.

Un des 25 exemplaires (n° 8) imprimés sur **papier du Japon,** contenant deux états des 14 planches sur cuivre : **en couleurs sur Japon** et en noir sur papier vélin.

355. LE BON (Dr Gustave). Les Civilisations de l'Inde. Ouvrage illustré de 7 chromolithographies, 2 cartes et 350 gravures et héliogravures d'après les photographies, aquarelles et documents de l'auteur. *Paris, Firmin Didot et Cie,* 1887, gr. in-8, mar. bleu très foncé, fil., chiffre sur les plats, dos orné, dent. int., tête dor., ébarbé (*Allô*).

Un des 15 exemplaires imprimés **sur papier du Japon.**

356. LE BRAZ (Anatole). Croquis de Bretagne et d'ailleurs. Préface de Roger Marx, bois originaux de Tony Beltrand. *Paris, Louis Conard,* 1903, gr. in-8, demi-rel. mar. bleu, fil., dos orné, tête dor., non rogné, couverture illust. (*Pierson*).

Un des 20 exemplaires (n° 10) imprimés **sur papier du Japon,** contenant une suite de tous les bois sur papier de Chine.

357. **LELOIR** (Maurice). Collection complète des **aquarelles et dessins originaux** de Maurice Leloir pour l'édition *Une Femme de qualité au siècle passé,* publiée par Boussod, Manzi, Joyant et Cie. En 3 vol. gr. in-fol., mar. grenat, très larges dentelles à petits fers, chiffre aux angles, dos orné, doublé

et gardes d'étoffe brochée, renfermés dans des bois forme livre (*Meunier*).

Très importante collection comprenant :

1° Les 10 **superbes aquarelles** des 10 planches hors texte de la publication.

2° Les 77 **charmants dessins** à l'encre de Chine, des fleurons, faux-titre, titre, cul-de-lampe et encadrements du texte.

On a joint aux 3 volumes ci-dessus un exemplaire de la publication, recouvert de la même reliure. Cet exemplaire renferme 8 épreuves d'encadrements tirés sur papier mince et une épreuve de l'aquarelle du *Bain*, tirée sur satin.

Les aquarelles et encadrements sont sensiblement plus grands que les reproductions en couleurs, les premiers mesurent 0m,62 sur 0m,50 de largeur et les encadrements 0m,34 sur 0m,24.

Les trois volumes qui renferment tous les originaux de *Une Femme de qualité au siècle passé* me font songer à ces flacons d'essence, hermétiquement clos, et dont l'âme se répand en parfums débordants et suaves dès qu'on les ouvre.

Ce sont bien des livres, puisque sous leur riche reliure les feuillets sont unis l'un à l'autre ; mais ces feuillets suffiraient à illuminer de grâce et d'enchanteresse évocation une salle de musée.

Pour un instant, je veux imaginer qu'on les a dérobés à leur somptueuse vêture de maroquin, et que je les vois autour de moi, rayonnant du sourire galant qui les fait capiteux comme tout ce qui touche à l'éternel féminin du XVIIIe siècle. Et quand je dis *éternel,* — ce qui signifie évadé de la mesure de tous les siècles — en parlant du XVIIIe siècle, j'entends rappeler que ce siècle, en ce qui touche le culte aveugle de la femme, semble avoir possédé le secret de résumer pour son goût propre tout ce qu'il avait pu hériter de charme et d'élégance de toutes les étapes d'humanité qui l'avaient précédé.

Dans ces pages où Maurice Leloir a donné la plus complète synthèse de son grand talent, où il s'est exprimé avec une délicieuse abondance, avec une verve qui n'exclut pas l'érudition, avec une fantaisie spirituelle, qui semble facile, à force de science, il a fait mieux qu'évoquer le passé, que se souvenir à travers la documentation dont il est armé ; il a ressuscité les acteurs de sa comédie humaine, il a recréé de la vie.

La femme de qualité qu'il s'est donné pour mission de nous raconter, nous la suivons dans son intimité ; nous l'entendons coqueter dans son boudoir, nous la saluons au prêche ou à la promenade, nous l'écoutons s'essayer en comédienne à la lueur des chandelles, nous respirons le même air qu'elle, nous prenons notre part de ses caprices tenaces comme un texte de loi, et de ses angoisses que suscitent des riens, nous oublions, en sa compagnie, notre contemporaineté maussade, et du rêve où elle se joue, grave et folle, petite poupée fragile et forte que les passions agitent peu, et que l'orgueil enivre, mais avec une divine coquetterie, nous nous plaisons à perdre de vue, pour un instant, une infinité de choses très prosaïques, très réelles, qui sont notre lot, et qui — il faut bien le reconnaître — fut peut-être le sien également. Mais c'est si loin, si loin, que nous ne voyons plus que la lueur sans distinguer la torche de résine fumante d'où elle s'échappait.

Dans tous les cas, c'est une qualité qu'on ne peut refuser à Maurice Leloir, d'avoir su nous faire aimer le décor où les abbés poudrés madrigalisaient aux genoux des belles coquettes, et comprendre tout ce qu'il y eut de force et de séduction en un temps qui inventa pour lui ce décor.

Certes, en des œuvres nombreuses, où parfois il commentait des proses célèbres, Maurice Leloir avait déjà bien mérité du siècle passé ; mais jamais il ne s'est senti les coudées plus franches que dans cette suite admirable, où nul texte ne venait contrarier ou limiter son invention.

Dix grandes aquarelles présentées en des bordures d'un goût raffiné, et soixante-dix-sept encadrements et vignettes dessinés en camaïeu à l'encre de Chine, il faut avouer que le champ était vaste : l'artiste s'est acquitté de sa tâche avec une maîtrise sans égale ; il a trouvé pour chaque chapitre les éléments anecdotiques qui lui ont permis de multiplier ses types et de varier ses harmonies chromatiques. En même temps qu'il nous intéresse avec sa reconstitution de la vie mondaine au temps de Louis XVI, il nous subjugue par l'éclat juste de sa couleur, la souple habileté et la sûreté de son dessin, l'ingéniosité de sa composition et son extraordinaire appropriation à un rôle de décoration.

Certes, lorsque l'ouvrage avait paru en une édition de fermier général, précieuse et cossue, on avait eu raison de louer l'artiste, en même temps que l'éditeur. Mais quelle distance énorme de l'original à la reproduction ! Comme on se rend compte en feuilletant les in-folios uniques de la collection du comte Werlé, que dans une interprétation il y a toujours une part de trahison.

Les aquarelles, il est vrai, ainsi que les encadrements, sont d'une mesure plus grande que dans l'ouvrage édité. Mais quelle différence dans les rapports de tons, dans leur transparence, dans leur légèreté de touche ! Ici, c'est un chant magnifiquement orchestré, ce sont des voix fraîches, ce sont des virtuoses qui nous donnent la symphonie ; là c'est un orgue de Barbarie qui fait les frais du concert.

Aussi doit-on admirer comme il le mérite, cet ensemble, qu'en amateur avisé, le comte Werlé avait voulu réserver pour la joie de ses yeux. J'ignore à quel connaisseur fortuné va échoir cette merveille : mais ce que je sais, c'est que dans des siècles d'ici, on tiendra le recueil si parfait des originaux de Maurice Leloir pour un joyau aussi précieux que le sont pour nous certains recueils enluminés du XIVe ou du XVe siècle.

L.-Roger-Miles.

358. LELOIR (Maurice). Une Femme de qualité au siècle passé. Paris, 1778. Dessins et texte par Maurice Leloir. *Paris, J. Boussod, Manzi, Joyant et Cie*, 1899-1900, 10 livraisons en 1 vol. in-fol., mar. bleu ; le premier plat est orné d'un grand comp. de fil. droits et courbes, de bandes de mar. vert et guirlandes de fleurs, le second plat est orné d'un comp. de fil., angles ornés de palmes et du chiffre de M. le Cte Werlé, doublé de mar. La Vall. clair, grand comp. de fil. et de palmes et de petits fers, gardes en étoffe brochée, tr. dor., non rogné, couverture (*René Kieffer*).

Tirage unique à 200 exemplaires (ex. n° 134).

359. LEMAITRE (Jules). Contes blancs. La Cloche. La Chapelle blanche. Mariage blanc. Illustrations à l'aquarelle de Mlle Blanche Odin. *Paris, A. Durel*, 1900, petit. in-4, mar. blanc, plats et dos ornés de lys mosaïqués, titre doré sur le premier plat, dent. int., tête dor., non rogné, couvert illust. (*Pierson*).

Édition publiée à 210 exemplaires sur papier vélin par Octave Uzanne pour les *Bibliophiles indépendants*. Ils contiennent le tirage à part des illustrations au trait.

360. LEMAITRE (Jules). Myrrha, vierge et martyre. Compositions de Louis-Édouard Fournier, gravures de Xavier Lesueur. Préface par l'auteur. *Paris, F. Ferroud*, 1903, in-8, mar. noir, encad. de fil. et de feuillages à petits fers, angles et dos ornés, dent. int., tête dor., non rogné, couvert. illust. (*Henry-Joseph*).

Un des exemplaires imprimés sur papier du Japon, contenant les figures en trois états dont l'eau-forte pure et une composition originale de Louis-Édouard Fournier.

361. LEMAITRE (Jules). Sérénus, histoire d'un martyr. *Paris, Société des Amis des livres*, 1905, gr. in-8, dos et coins mar. rouge, fil., dos orné, tête dor., non rogné, couverture (*Pierson*).

Édition tirée à 115 exemplaires (n° 75) sur papier vélin fort sous la direction de MM. Victor Mercier et Raymond-Claude Lafontaine. Compositions d'*Aug.-Fr. Gorguet*, gravées sur bois par *Paillard*.

362. LEMONNIER (Camille). La Belgique. Ouvrage contenant 323 gravures sur bois et une carte. *Paris, Hachette et Cie*, 1888, in-4, mar. rouge, comp. de fil., angles ornés à petits fers, chiffre sur les plats, dos orné, dent. int., tête dor., non rogné (*Allô*).

Premier tirage.

363. LEMONNIER (Camille). Les Maris de Mlle Nounouche, histoire de chats. Soixante-cinq aquarelles de A. Vimar. *Paris, H. Floury*, 1906, in-8, cartonn. demi-mar. orange, fil., dos orné, tête dor., non rogné, couvert. illust. (*Pierson*).

Un des 32 exemplaires (n° 15) imprimés **sur papier du Japon**, contenant une **double suite** en noir sur Chine et 2 **aquarelles originales** de **A. Vimar**.

364. LE NORDEZ (Mgr). Jeanne d'Arc, racontée par l'image d'après les sculpteurs, les graveurs et les peintres. *Paris, Hachette et Cie*, 1898, gr. in-8, mar. bleu, encad. de fil., chiffre sur les plats, dos orné, tête ébarbée, couverture (*Domont*).

365. LÉPINE (Ernest). Quatrelles. A coups de fusil. Ouvrage illustré de trente dessins originaux hors texte par A. de Neuville. *Paris, G. Charpentier*, 1877, in-4, mar. vert foncé, fil., dos orné, dent. int., tête dor., non rogné (*Champs*).

Première édition illustrée.

Un des 25 exemplaires imprimés **sur papier de Hollande** avec une double suite de dessins sur Hollande et sur Chine. Celui-ci renferme les 2 dessins supprimés et ceux qui les remplacent.

366. LE ROUX (Hugues). Les Fleurs à Paris. *Paris, Quantin*, 1890, in-16, eaux-fortes de P. Avril, dos et coins mar. bleu, tête dor., non rogné, couverture (*Pierson*).

Un des 5 exemplaires (n° 1) imprimés **sur papier du Japon**, contenant deux suites des planches avec remarque, et une **aquarelle originale** de **Paul Avril**, sur le faux-titre.

367. LE SAGE. Gil Blas de Santillane. Édition réduite et revisée par Léo Claretie. Illustrations de Maurice Leloir. *Paris, Charavay et Martin, s. d.,* gr. in-8, fig. en couleurs, mar. rouge, encad. de fil. et de fleurs mosaïquées, chiffre mosaïqué au milieu des plats, dos orné et mosaïqué, large dent. int., tr. dor., couverture illust. (*Champs*).

Un des 50 exemplaires (n° 11) imprimés sur **papier Japon impérial**, contenant 2 épreuves (en noir sur Chine et en couleurs sur Japon) des 12 figures hors texte et le **tirage à part**, sur Chine, des figures du texte.

On y a ajouté la série des décompositions des couleurs des 12 figures hors texte.

368. LE SAGE. Histoire de Gil Blas de Santillane. Précédée d'une préface par H. Reynald. Treize eaux-fortes par R. de Los Rios. *Paris, Librairie des bibliophiles,* 1879, 4 vol. in-8, mar. vert clair, fil., dos orné, dent. int., tête dor., non rognés (*Pierson*).

Un des 20 exemplaires imprimés sur **papier Whatman**, contenant les eaux-fortes en deux états : **avant** et avec la lettre.

369. L'HOPITAL (Joseph). Foires et Marchés normands, notes et fantaisies. Croquis d'après nature dessinés et gravés sur cuivre et sur bois par Auguste Lepère. *Paris, Société normande du livre illustré,* 1898, in-8, demi-rel. mar. vert, tête dor., non rogné, couverture (*Pierson*).

Édition tirée à 140 exemplaires (n° 76) imprimés sur papier vélin à la forme des fabriques d'Arches.

370. LONDON. A Pilgrimage, by Gustave Doré and Blanchard Jerrold. *London, Grant et C°,* 1872, gr. in-4, figures de G. Doré, dos et coins mar. gren., fil., dos orné à petits fers, tête dor., ébarbé (*Champs*).

371. LONGUS. Daphnis et Chloé. Compositions de Raphaël Collin, gravées à l'eau-forte par Champollion. Préface de Jules Claretie. *Paris, H. Launette et Cie, G. Boudet, succ.,* 1890, gr. in-8, mar. bleu, fil., dos orné, doublé de mar. orange, comp. de fil., coins ornés et mosaïqués, chiffre sur les plats, gardes étoffe brochée, tr. dor., non rogné, couverture (*Marius Michel*).

Tirage de grand luxe.

Un des 50 exemplaires (n° 43) imprimés sur papier à la cuve pour la

Librairie A. Ferroud, contenant un **tirage à part** de toutes les figures du texte et les figures hors texte en deux états : **avant la lettre** avec remarques et avec la lettre.

372. LONGUS. Daphnis et Chloé, traduction de P.-L. Courier. Compositions dessinées et gravées à l'eau-forte par P. Avril. *Paris, L. Conquet*, 1898, in-16, mar. violet, compart. de fil., angles et dos ornés, tête dor., non rogné, couverture (*Pierson*).

Un des 100 exemplaires (n° 23) imprimés sur **papier du Japon**, contenant les figures en trois états dont **l'eau-forte pure**.

373. LORRAIN (Jean). Ma petite ville. Le Miracle de Brétagne. Un Veuvage d'Amour. Illustrations à l'aquarelle de Manuel Orazi, gravées à l'eau-forte par Frédéric Massé et imprimées en couleurs ; vignettes décoratives de Léon Rudincki. *Paris, Société française d'éditions d'art, L. Henry May*, 1898, petit in-4, demi-rel. mar. violet foncé, fil., dos orné, tête dor., non rogné, couvert. illust. (*Pierson*).

Un des 250 exemplaires imprimés sur papier vélin.

374. LORRAIN (Jean). La Mandragore. Trente-trois illustrations de Marcel Pille, gravées par Deloche, Florian, les deux Froment, et Julien Tynayre. *Paris, Édouard Pelletan*, 1899, gr. in-8, dos et coins mar. vert foncé, fil., dos orné, tête dor., non rogné, couverture (*Pierson*).

Édition tirée à 193 exemplaires.

Un des 20 exemplaires imprimés sur **papier de Chine** ; il contient un **tirage à part** sur Chine de toutes les figures.

375. LOTI (Pierre). Pêcheur d'Islande. *Paris, Calmann Lévy*, 1886, in-8, mar. orange, fil., chiffre sur les plats, dos orné, dent int., tête dor., non rogné, couverture (*Champs*).

Édition originale.

Tirage fait pour la Librairie Conquet, orné d'un portrait, un en-tête, 6 figures hors texte et un cul-de-lampe de *P. Jazet*, gravés par *Manchon*.

Un des 235 exemplaires (n° 6) réimposés in-8 et imprimés sur **grand papier de Hollande**, contenant les figures en trois états dont l'**eau-forte pure**.

Aquarelle originale de **P. Jazet** sur le faux-titre.

376. LOTI (Pierre). Propos d'exil. *Paris, Calmann Lévy*, 1887,

in-12, mar. bleu très foncé, encad. de 6 fil., dos orné, dent. int., tête dor., non rogné, couverture (*H. Joseph*).

Édition originale.

Un des 20 exemplaires (nº 14) imprimés sur **papier Japon** ; il est orné de 22 belles **aquarelles originales** de **A. Bligny**.

377. LOTI (Pierre). Japoneries d'automne. *Paris, Calmann Lévy*, 1889, in-12, mar. violet foncé, fil., chiffre sur les plats, dos orné, dent. int., tête dor., non rogné, couverture (*Domont*).

Édition originale.

Un des 50 exemplaires (nº 9) imprimés sur **papier de Hollande** ; il est orné sur le faux-titre et dans les marges de 90 **aquarelles originales** de **Jane L... (Labrousse)**.

378. LOTI (Pierre). Le Mariage de Loti. Illustrations de l'auteur et de A. Robaudi. *Paris, Calmann Lévy*, 1898, gr. in-8, dos et coins mar. La Vall., fil., dos orné, tête dor., non rogné, couvert. illust. (*Pierson*).

Un des 25 exemplaires (nº 1) imprimés sur **papier du Japon**.

379. LOUŸS (Pierre). La Femme et le Pantin ; roman espagnol, orné d'une reproduction en héliogravure du Pantin de Goya. *Paris, Société du Mercure de France*, 1898, in-8. demi-rel. mar. grenat, fil., dos orné, tête dor., non rogné, couverture (*Pierson*).

380. LOUŸS (Pierre). Byblis ; compositions en couleurs de Henry Caruchet. Préface par Gilbert de Voisins. *Paris, A. Ferroud*, 1901, in-8, mar. fauve, grand encad. de fil. dorés et fleurs mosaïquées, dos orné et mosaïqué, dent. int., tête dor., non rogné, couvert. illust. (*Pierson*).

Exemplaire (nº 4) imprimé sur **papier du Japon**, contenant **un tirage à part en noir sur Chine**, de toutes les figures.

Aquarelle originale, hors texte, d'**Henry Caruchet**.

381. LOUŸS (Pierre). La Femme et le Pantin. Illustrations de P. Roïg, décoration de Riom. *Paris, H. Piazza et Cie*, 1903, in-8, mar. La Vall., grand encad. de fil. droits et courbes et petits fers, dos orné, dent. int., tête dor., non rogné, couverture (*Henry-Joseph*).

Un des 30 exemplaires (nº 20) imprimés sur **papier du Japon**, avec un état en noir.

382. LOUŸS (Pierre). Aphrodite, mœurs antiques. Illustrations d'Édouard Zier. *Paris, Librairie illustrée, J. Tallandier, s. d.* (1903), in-8, mar. gren., grand encad. de fil. dor. et à froid et de petits fers, dos orné, dent. int., tête dor., non rogné, couverture illustrée (*Pierson*).

Un des 25 exemplaires (n° 15) imprimés sur papier du Japon.

383. LOUŸS (Pierre). La Maison sur le Nil, ou les apparences de la Vertu. Illustrations de Paul Gervais. *Paris, imprimé pour Charles Meunier,* 1904. — Ariane, ou le Chemin de la Paix éternelle. Illustrations de Georges Rochegrosse. *Paris, id.,* 1904. — Ens. 2 vol. gr. in-8, fig. en couleurs, veau gris racine, dos orné, non rognés (*Couvert.*).

Édition tirée à 140 exemplaires.

Un des 125 exemplaires imprimés sur papier vélin blanc, contenant le tirage à part en noir sur Chine de la décomposition de toutes les planches.

384. LOUŸS (Pierre). Les Aventures du Roi Pausole, nouvelle édition, illustrée de 82 compositions en couleurs par Pierre Vidal. *Paris, Blaizot,* 1906, pet. in-4, broché (*Couvert. illust.*).

Exemplaire imprimé sur papier vélin de Rives.

385. LOUŸS (Pierre). Les Chansons de Bilitis. Trente-trois compositions de Raphaël Collin gravées à l'eau-forte par Ch. Chessa. *Paris, F. Ferroud,* 1906, in-8, mar. grenat, encad. à la grecque, dos orné, large dent. int., tête dor., non rogné, couvert. illust. (*Henry-Joseph*).

Un des exemplaires (n° 8) imprimés sur papier du Japon ancien, contenant trois états des eaux-fortes, dont l'eau-forte pure et une composition en couleurs inédite de Raphaël Collin sur parchemin.

386. LUCIEN. Scènes de Courtisanes. Traduction de H. Piazza et C. Chabault, illustrée par Richard Ranft. *Paris, l'Édition d'art, s. d.*, in-8 carré, cartonn. demi-mar. La Vall., fil., dos orné, tête dor., non rog., couvert. illust. (*Pierson*).

Un des 30 exemplaires (n° 12) imprimés sur papier du Japon, contenant un tirage à part en noir sur Chine de toutes les figures.

387. LUCIEN. Dialogues des Courtisanes, traduction nouvelle de Jules de Marthold, compositions et lithographies de Émile

Berchmans. *Paris, Édition Boudet, Librairie Lahure, s. d.*, gr. in-8, lithog. en couleurs, mar. vert, grand encadrem. de filets droits, de filets à la grecque et de petits fers, dos orné, dent. int., tête dor., non rogné, couvert. illust. (*Henry-Joseph*).

Un des 25 exemplaires (n° 15) imprimés sur **papier du Japon**, contenant une suite en noir de toutes les illustrations.

388. MAETERLINCK (Maurice). Monna Vanna. Pièce en 3 actes illustrée par P. Albert Laurens. *Paris, Imprimé pour la Société du livre d'art*, 1907, in-8, br. (*Couvert.*).

Édition imprimée à 130 exemplaires.
Un des 100 exemplaires réservés aux Membres de la Société.

389. MAILLARD (Léon). Les Menus et programmes, illustrés, invitations, billets de faire part, cartes d'adresse, petites estampes du XVIIe siècle jusqu'à nos jours. Ouvrage orné de quatre cent soixante reproductions d'après les documents originaux des meilleurs artistes. *Paris, G. Boudet*, 1898, in-4, mar. rouge, fil., chiffre sur les plats, dos orné, dent. int., tête dor., non rogné, couverture illust. (*Champs*).

Un des 25 exemplaires (n° 9) imprimés sur **papier du Japon**.

390. MAINDRON (Ernest). Les Affiches illustrées. Ouvrage orné de 20 chromolithographies par Jules Chéret et de nombreuses reproductions en noir et en couleur d'après les documents originaux. *Paris, Librairie artistique, H. Launette et Cie*, 1886, dos et coins mar. rouge, fil., dos orné et mosaïqué, tête dor., non rogné, couverture illustrée (*Allô*). — Les Affiches illustrées (1886-1895). Ouvrage orné de 64 lithographies en couleur et de cent deux reproductions en noir et en couleur d'après les Affiches originales des meilleurs artistes. *Paris, Ch. Tallandier*, 1896, dos et coins mar. La Vall., fil., dos orné, tête dor., non rog., couvert. illust. (*Pierson*). — Les Affiches étrangères illustrées, par MM. Bauwens, T. Hayashi, La Forgue, Meier-Graefe, J. Pennell. Ouvrage orné de 62 lithographies en couleurs et de cent cinquante reproductions en noir et en couleurs, d'après les affiches originales des meilleurs artistes. *Paris, G. Boudet, édi-*

teur, C. Tallandier, libraire, 1897, demi-rel. mar. vert., fil., dos orné et mosaïqué, tête dor., non rogné, couverture illustrée (*Pierson*). — Ens. 3 vol. gr. in-8.

391. MAISTRE (Xavier de). Voyage autour de ma chambre, suivi de l'expédition nocturne. Préface par Jules Claretie. Six eaux-fortes par Hédouin. *Paris, Librairie des bibliophiles,* 1877, in-8, mar. orange, fil., dos orné, dent. int., tr. dor. (*Champs*).

Un des 20 exemplaires imprimés sur **papier Whatman,** contenant les figures en deux états : **avant et avec la lettre.**

392. MAISTRE (Xavier de). Les Prisonniers du Caucase. Neuf compositions de Julien Le Blant, gravées à l'eau-forte, par Louis Muller. Préface par Léo Claretie. *Paris, A. Ferroud,* 1897, in-8, demi-rel. mar. rouge, fil., dos orné, tête dor., non rogné, couverture illustrée (*Pierson*).

Exemplaire (n° 24) imprimé sur **papier du Japon,** contenant les illustrations en trois états **dont l'eau-forte pure.**

393. MARBOT (Général, baron de). Austerlitz. Vingt et une aquarelles originales de Alex. Lunois, gravées en couleurs au repérage par Léon Boisson. *Paris, L. Conquet, L. Carteret et Cie,* 1905, gr. in-8, mar. vert., encad. de 3 fil., angles ornés d'une aigle dor., dos orné, encad. int., avec chiffre mosaïqué aux angles, tête dor., non rogné, couverture illust. (*Stroobants*).

Tirage unique à 200 exemplaires (n° 11) de grand luxe imprimés sur papier vélin à la forme.

394. MARGUERITE, de Navarre. Les sept Journées de la reine de Navarre, suivies de la huitième (Édition de Claude Gruget, 1559). Notice et notes par Paul Lacroix, index et glossaire. Planches à l'eau-forte par Flameng. *Paris, Librairie des bibliophiles,* 1872, 4 vol. in-8, mar. rouge, comp. de fil. à la Du Seuil, angles et dos ornés, dent. int., tête dor., non rognés (*Tinot*).

Un des 100 exemplaires imprimés sur **grand papier de Hollande.**

395. MARTY (A.). La dernière année de Marie-Antoinette. Le Temple. La Conciergerie. L'exécution. La mort. 14 août 1792-16 octobre 1793. Fac-simile de soixante-trois documents et

estampes du temps réunis par André Marty et précédés d'une introduction par Maurice Tourneux. *Paris, André Marty, Honoré Champion,* 1907, in-4, broché (*Couvert. illust.*).

Imprimé à 200 exemplaires numérotés sur papier de Hollande.

396. MARTY (A.). L'Histoire de Notre-Dame de Paris d'après les estampes, dessins, miniatures, tableaux exécutés aux xve, xvie, xviie, xviiie et xixe siècles, par Aveline, Bérain, Blondel, Bollery, Bosse, Jacques Cellier, C.-N. Cochin, Corot, Courvoisier, Gros, Isabey, Jaime, Jollain, Le Clère, Lemercier, Marot, Méryon, Moncornet, Percier et Fontaine, Pérelle, Picart, Prieur, Raffet, Sergent Marceau, Israël Silvestre, Testard et Roger, Vierge, Viollet-Leduc, etc. Fac-similés des originaux, accompagnés d'un résumé chronologique et d'une bibliographie par André Marty. *A Paris, chez l'auteur,* 1907, in-4, broché (*Couvert.*).

Imprimé à 125 exemplaires sur papier de Hollande.

397. MASSON (Frédéric). Cavaliers de Napoléon. Illustrations d'après les tableaux et aquarelles de Édouard Detaille. *Paris, Boussod, Valadon et Cie, s. d.,* in-4, mar. vert., larg. encad. de fil. et de fers de l'Empire, chiffre mosaïqué sur les plats, dos orné, larg. dent. int., tr. dor., couverture (*Champs*).

Un des 25 exemplaires (n° 11), imprimés sur **papier Whatman**, accompagnés de deux suites des planches tirées avant la lettre, l'une en bistre sur papier Wahtman, l'autre en bistre sur papier du Japon et d'une **aquarelle originale** d'**Édouard Detaille** sur le faux-titre.

398. MASSON (Frédéric). Joséphine, impératrice et reine. *Paris, Goupil et Cie, Jean Boussod, Manzi, Joyant et Cie,* 1899, in-4, illustrations d'après les documents contemporains, mar. vert, grand comp. de fil. et fers de l'Empire, aux armes impériales, dos orné, dent. int., tête dor., non rogné, couverture (*Pierson*).

Un des 150 exemplaires imprimés sur **papier du Japon**, contenant les illustrations en deux états.

399. MASSON (Frédéric). L'Impératrice Marie-Louise. *Paris, Goupil et Cie,* 1902, in-4, illustrations d'après les documents contemporains, mar. vert, encad. de fil. et de fers de l'Empire,

dos orné, grande dent. int., tête dor., non rogné, couverture (*Pierson*).

Un des 150 exemplaires imprimés sur **papier du Japon**, contenant les illustrations en deux états.

400. MASSON (Frédéric). L'Impératrice Marie-Louise. *Paris, Goupil et Cie*, 1902, in-4, illustr. d'après les documents contemporains, dos et coins mar. bleu, fil., dos orné, tête dor., non rogné.

401. MASSON (Frédéric). Napoléon et son fils. *Paris, Goupil et Cie*, 1904, in-4, illust. d'après les documents contemporains, mar. vert, très grand encad. de fil. et de fers de l'Empire, armes impériales sur les plats, dos orné, dent. int., tête dor., non rogné, couverture (*Pierson*).

Un des 130 exemplaires imprimés sur **papier du Japon**, avec les illustrations en deux états.

402. MAUCLAIR (Camille). Les Danaïdes, contes. Illustrations de Besnard, Carrière, Fantin-Latour, Rochegrosse, etc., etc. *Paris, Le livre et l'estampe, s. d.*, gr. in-8, cartonn. demi-mar. grenat, fil., dos orné, tête dor., non rogné (*Pierson*).

Exemplaire imprimé sur papier à la forme des papeteries d'Arches avec un état des planches.

403. MAUCLAIR (Camille). Ames bretonnes. Trois contes illustrés par J. Wély. *Paris, H. Piazza, s. d.*, in-8 carré, figures en couleurs, broché (*Couvert. illust.*).

Un des 10 exemplaires (n° 9) imprimés sur **papier du Japon**, contenant une **aquarelle originale** de **J. Wély**, un état en couleurs sur Japon mince et un état en noir.

404. MAUCLAIR (Camille). Le Poison des pierreries. Compositions de Georges Rochegrosse gravées à l'eau-forte en couleurs par E. Decisy. Lettre-préface de l'auteur. *Paris, F. Ferroud*, 1903, gr. in-8, dos et coins mar. La Vall., fil., dos orné et mosaïqué, tête dor., non rogné, couverture illust. (*Pierson*).

Exemplaire imprimé sur papier vélin d'Arches.

405. MAUCLAIR (Camille). Trois Femmes de Flandre. Illustrations de H. Cassiers. *L'édition d'art, H. Piazza et Cie, Paris,*

1905, in-8 carré, mar. brun, encad. de fil. et de feuillages à petits fers, dos orné, dent. int., tête dor., non rogné, couverture illustrée (*Henry-Joseph*).

Un des 10 exemplaires (n° 7) imprimés sur **papier du Japon**, contenant une **aquarelle originale** de **Cassiers**, un état en couleurs sur Japon mince et un état en noir.

406. MAUPASSANT (Guy de). Des Vers. *Paris, Victor Havard,* 1884, in-12, port., mar. lilas, encad. de 6 fil., angles et dos ornés, dent. int., tête dor., non rogné (*Couvert.*).

Un des 50 exemplaires imprimés sur **papier de Hollande**; il est orné de 20 grandes **aquarelles originales** de **Mès.**

407. MAUPASSANT (Guy de). Au Soleil. *Paris, Victor Havard,* 1884, in-12, dos et coins mar. orange, fil., dos orné, tête dor., non rogné, couverture (*Pierson*).

Édition originale.

Exemplaire imprimé sur **papier de Hollande** ; il est orné sur le faux-titre et dans les marges de 15 **aquarelles originales** de **F. Coindre.**

408. MAUPASSANT (Guy de). Yvette. *Paris, Victor Havard,* 1885, in-12, mar. bleu clair, jans., dent. int., tête dor., non rogné (*Pierson*,)

Édition originale.

Exemplaire imprimé sur papier de Hollande, orné dans les marges de 23 **aquarelles originales,** à la sépia, de **H. Somm.**

409. MAUPASSANT (Guy). Le Rosier de Madame Husson. Illustrations par Habert Dys, eaux-fortes de E. Abot, d'après Desprès. *Paris, Quantin,* 1888, pet. in-4, mar. brun, chiffre sur les plats, dent. int., tête dor., non rogné, couverture illust. (*Allô*).

Un des 40 exemplaires (n° 11) imprimés sur **papier du Japon**, contenant un **tirage à part** de toutes les illustrations.

410. MAUPASSANT (Guy de). Pierre et Jean. Illustré par Ernest Duez et Albert Lynch. *Paris, Boussod, Valadon et Cie,* 1888, in-4, mar. rouge, fil., dos orné, dent. int., tête dor., non rog., couverture (*Pierson*).

Un des 150 exemplaires imprimés sur **papier du Japon** ; avec deux suites d'épreuves **avant toute lettre**, 1° une suite imprimée en camaïeu sur papier Whatman, 2° une suite imprimée en bistre sur papier du Japon.

411. MAUPASSANT (Guy de). Contes choisis, publiés par les Bibliophiles contemporains. Le Loup. — Hautot père et fils. — Allouma. — Mouche. — La Maison Tellier. — Un Soir. — Le Champ d'oliviers. — Mademoiselle Fifi. — L'Épave. — Une Partie de campagne. *Paris*, 1891-1892, 10 fascicules en 1 vol. gr. in-8, mar. brun, large encad. de fil., filet mosaïqué de mar. brun et fleurs de diverses couleurs, dos orné et mosaïqué, doublé de mar. blanc, larges filets mosaïqués, gardes en faille réséda, couvertures du livre et des livraisons, tr. dor. (*Gruel*).

Ces fascicules sont illustrés de figures en noir et en couleurs par *P. Vidal, P. Avril, Lunois, P. Gervais, F. Gueltry, Van Muyden*, etc.. et d'un frontispice en couleurs gravé par *P. Avril*, d'après *F. Rops*.

Cette édition a été tirée à un petit nombre pour les membres de la Société seulement.

Riche reliure de *Gruel*.

412. MAUPASSANT (Guy de). La Patronne. Croquis d'Henriot. *Paris, Conquet*, 1896, gr. in-8, mar. citron, fil., dos mosaïqué, dent. int., tête dor., non rogné (*Champs*).

Manuscrit d'Henriot orné de 69 **aquarelles originales.**

413. MAUPASSANT (Guy de). Boule de suif; compositions de François Thévenot, gravures sur bois de A. Romagnol. *Paris, Magnier*, 1897, gr. in-8, mar. La Vall. clair, compart. de fil., angles et dos ornés, large dent. int., tête dor., non rogné, couvert. illust. (*Pierson*).

Un des 12 exemplaires (n° 11) imprimés sur **papier du Japon ancien**, contenant une **triple suite** des hors texte et le **tirage à part** en deux états des figures du texte, l'un de ces états fait à la main par le graveur sur papier Japon pelure.

414. MAUPASSANT (Guy de). Boule de suif. Compositions de François Thévenot, gravures sur bois de A. Romagnol. *Paris, Armand Magnier*, 1897, in-8, mar. grenat, encad. de 4 fil., dos orné, dent. int., tête dor., non rog., couvert. illust. (*Pierson*).

Un des 38 exemplaires (n° 26) imprimés sur **papier de Chine**, extra fort, contenant un **tirage à part** des illustrations du texte et une **triple suite** des hors texte.

415. MAUPASSANT (Guy de). Boule de suif. Compositions de François Thévenot, gravures sur bois de A. Romagnol. *Paris*,

Armand Magnier, 1897, in-8, mar. grenat, encad. de fil., angles et dos ornés, dent. int., tête dor., non rogné, couverture illust. (*Henri-Joseph*).

Un des 160 exemplaires imprimés sur papier vélin enrichi de 12 **aquarelles originales** de **Paul Jazet**, hors texte ou dans les marges.

416\. MAUPASSANT (Guy de). Imprudence, croquis d'Henriot. *Paris, Aux dépens d'un Ami des livres*, 1899, in-8, mar. vert, compart. d'un large fil. dor., avec guirlande de roses mosaïquées, dos orné et mosaïqué, large dent. int., tête dor., non rogné, couverture (*Pierson*).

Fac-simile d'un manuscrit d'Henriot orné de 76 aquarelles ; tirage unique à 100 exemplaires imprimés sur **papier du Japon** avec un tirage à part en noir, sur Chine, de toutes les illustrations.

417\. MAUPASSANT (Guy de). Le Vagabond. Lithographies en couleurs par Steinlen. *Paris, Imprimé aux frais de la Société des Amis des livres*, 1902, pet. in-4, dos et coins mar. tête de nègre, fil., dos orné, tête dor., non rogné (*Couvert. illust.*).

Édition imprimée à 115 exemplaires sur papier vélin.

418\. MAUPASSANT (Guy de). Notre Cœur. Illustrations de René Lelong, gravure sur bois par G. Lemoine. *Paris, Paul Ollendorff*, 1902, in-8, dos et coins mar. lilas, fil., dos orné et mosaïqué de mar. bleu, tête dor., non rogné (*Couvert. illust.*).

Un des 10 exemplaires (n° 9) imprimés sur **papier du Japon**.

419\. MAUPASSANT (Guy de). En famille. Trente-deux compositions en couleurs de Pierre Vidal. *Paris, A. Blaizot*, 1905, in-8, dos et coins mar. citron, fil., dos orné et mosaïqué, tête dor., non rogné, couverture (*Champs-Stroobants*).

Un des 140 exemplaires imprimés sur papier vélin d'Arches, contenant un état des eaux-fortes.

420\. MAUPASSANT (Guy de). Cinq contes parisiens. Illustrations de Louis Legrand. *Paris, pour les cent bibliophiles*, 1905, gr. in-8, dos et coins mar. orange, fil., dos orné, tête dor., non rogné, couverture illust. (*Pierson*).

Édition tirée à 130 exemplaires imprimés sur **papier du Japon** par les soins de M. Eugène Rodrigues.

421. MAUPASSANT (Guy de). L'Héritage. Vingt et une compositions originales de Maurice Eliot, gravées à l'eau-forte par L. Ruet. *Paris, L. Carteret,* 1907, gr. in-8, br. (*Couvert.*).

Un des 75 exemplaires de grand luxe sur **papier du Japon** à la forme, contenant les figures en trois états dont **l'eau-forte pure.**

422. MAYNEVILLE. Chronique du temps qui fut la Jacquerie. Illustrations de L. O. Merson. *Paris, A. Romagnol,* 1903, in-4, dos et coins mar. brun, fil., dos orné, tête dor., non rogné (*Pierson*).

Un des exemplaires (n° 8) imprimés sur **grand papier vélin**, contenant les illustrations en **quatre états** dont les **épreuves d'artiste.**

423. MEILHAC (Henri). Contes parisiens du second Empire (1866). Eaux-fortes de Pierre Vidal. *Paris, imprimé pour les Amis des livres,* 1904, gr. in-8, broché (*Couvert.*).

Tirage unique à 125 exemplaires fait par les soins de M. Henri Béraldi.

424. MEILHAC (H.) et HALÉVY (Lud.). Les Sonnettes, comédie en un acte, en prose. *Paris, Michel Lévy,* 1873, in-12, mar. orange, jans., dent. int., tête dor., non rogné, couverture (*Pierson*).

Édition originale.

Un des 40 exemplaires imprimés sur **papier de Hollande**. Il est orné de 23 **croquis** à **l'aquarelle** par **Henriot.**

425. MEILHAC (H.) et HALÉVY (Lud.). La Grande-Duchesse de Gérolstein, opéra-bouffe en trois actes, quatre tableaux ; musique de Jacques Offenbach. *Paris, Calmann Lévy,* 1887, in-8, cartonn. vélin, compart. de filets, angles ornés, tête dor., non rog. (*Couvert. cons.*).

Un des 30 exemplaires imprimés sur **papier de Hollande.** Il est orné dans les marges et sur les titre et faux-titre de 120 **aquarelles originales** de **Draner.**

426. MENDÈS (Catulle). Hespérus. Illustrations en couleurs de Carloz Schwabe. *Paris, Société de propagation des livres d'art,* 1904, gr. in-8, dos et coins mar. vert très foncé, fil., dos orné et mosaïqué, tête dor., non rogné, couverture illust. (*Pierson*).

Un des 25 exemplaires imprimés sur **papier vélin** à la forme des papeteries de Rives.

427. MENZEL (Adolphe). Illustrations des œuvres de Frédéric le Grand. Préface et notice par Louis Gonse, texte explicatif par L. Pietsch, gravures sur bois par O. Vogel, A. Vogel, H. Muller, etc. *Paris, Fetscherin et Chuit, s. d.*, 2 vol. in-4, mar. grenat, encad. de fil., chiffre sur les plats, dos orné, large dent. int., dos orné, tête dor., ébarbé (*Allö*).

Un des 25 exemplaires imprimés sur **papier du Japon.**

428. MÉRIMÉE (Prosper). La Chambre bleue, nouvelle dédiée à Madame de La Rhune. *Bruxelles, Librairie de la Place de la Monnaie*, 1872, in-8, dos et coins mar. bleu, tête dor., non rogné (*Smeers*).

Un des 9 exemplaires imprimés sur **papier de Chine.**

429. MÉRIMÉE (Prosper). La Chambre bleue, nouvelle dédiée à Madame de la Rhune. Soixante et une aquarelles d'après Eug. Courboin. *Paris, L. Conquet, L. Carteret et Cie*, 1902, gr. in-8, dos et coins mar. blanc, fil., dos orné et mosaïqué de mar. bleu, tête dor., non rogné, couverture illust. (*Pierson*).

Un des 50 exemplaires (n° 37) imprimés sur **papier du Japon**, auquel on a ajouté les 61 **dessins originaux d'Eugène Courboin**; ces dessins sont exécutés à la plume sur papier Whatman.

430. MÉRIMÉE (Prosper). Chronique du règne de Charles IX. Illustrée de trente et une compositions dessinées et gravées à l'eau-forte par Edmond Morin. *Paris, imprimé pour les Amis des livres*, 1876, 2 vol. gr. in-8, mar. rouge, fil., dos orné, dent. int., tête dor, non rognés (*Champs*).

Édition imprimée à 115 exemplaires.

431. MÉRIMÉE (Prosper). Chronique du règne de Charles IX. Édition ornée de cent-dix compositions par Édouard Toudouze. *Paris, Émile Testard et Cie*, 1889, gr. in-8, mar. bleu, encad. de 5 fil., chiffre sur les plats, dos orné, dent. int., tête dor., non rogné, couverture (*Champs*).

Un des 75 exemplaires (n° 46) imprimés sur **papier du Japon**, contenant les 8 compositions de *Toudouze*, gravées à l'eau-forte par *Eug. Abot* en quatre états. **Grande aquarelle originale de H. de Sta** placée comme frontispice entre le faux-titre et le titre.

432. MÉRIMÉE (Prosper). Carmen. *Paris, Calmann Lévy*, 1884, pet. in-8, mar. rouge, fil., chiffre mosaïqué sur les plats, dos orné, fil., dent. int., tête dor., non rogné, couverture (*Allô*).

Tirage à 225 exemplaires sur papier vélin pour la Librairie Conquet, illustrés d'un frontispice et de 8 vignettes gravés par *Nargeot* d'après *Arcos*. Un des 30 exemplaires (n° 14), contenant les figures en trois états, dont l'eau-forte pure.

433. MÉRIMÉE (Prosper). Carmen. Introduction de Maurice Tourneux. Illustrations d'Alexandre Lunois. *Paris, pour les Cent Bibliophiles*, 1901, in-8 carré, illust. en couleurs, mar. rouge, gr. encad. de 9 fil., angles mosaïqués, dos orné et mosaïqué, encad. int., tête dor., non rogné, couverture (*Pierson*).

Tirage unique à 125 exemplaires, contenant la suite complète en tirage à part des 170 lithographies d'*Alexandre Lunois*.

434. MÉRIMÉE (Prosper). Nouvelles. La Mosaïque, avec des dessins de Aranda, Beaumont, Bramtot, Le Blant, Merson, etc., etc., gravés par Le Rat, Lalauze, Toussaint, Champollion, etc., etc. Préface de Jules Lemaître. *Paris, Librairie des bibliophiles*, 1887, in-8, dos et coins mar. bleu, fil., dos orné, tête dor., non rogné, couverture (*Pierson*).

Un des 100 exemplaires imprimés sur papier vélin de Hollande.

435. MÉRIMÉE (Prosper). Colomba, illustrations de Gaston Vuillier. *Paris, Calmann Lévy*, 1897, pet. in-8, mar. bleu foncé, jans., chiffre mosaïqué sur les plats, dent. int., tête dor., non rogné, couvert. illust. (*Champs*).

Un des 100 exemplaires (n° 7) imprimés sur papier de Chine.

436. MÉRIMÉE (Prosper). Colomba. Soixante-trois compositions originales de Daniel Vierge, gravées sur bois par Noël et Paillard. Préface de Maurice Tourneux. *Paris, L. Carteret et Cie*, 1904, gr. in-8, mar. La Vall., compart. de filets pleins et au pointillé, angles ornés de petits fers et d'une rose mosaïquée, dos orné et mosaïqué, dent. int., tête dor., non rogné, couverture illust. (*Pierson*).

Un des exemplaires (n° 37) de grand luxe imprimés sur papier Japon ancien à la forme, avec un tirage à part de tous les bois.

437. MÉRIMÉE (Prosper). La Double méprise. Aquarelles originales par Bertrand, imprimées en couleurs. *Paris, L. Conquet, L. Carteret et Cie*, 1902, gr. in-8, mar. bleu, encad. de fil., et petits fers, dos orné, dent. int., tête dor., non rogné, couverture (*Henry Joseph*).

Tirage unique à 150 exemplaires imprimés sur **papier vélin.**

438. MÉRIMÉE (Prosper). Mateo Falcone. Préface de Maurice Tourneux. Compositions d'Alexandre Lunois, gravées sur bois. *Paris, L. Conquet, L. Carteret et Cie*, 1906, gr. in-8, dos et coins mar. rouge, fil., dos orné, tête dor., non rogné, couverture (*Champs-Stroobants*).

Édition tirée à 250 exemplaires sur vélin blanc.
Un des 50 exemplaires contenant une suite d'**épreuves d'artistes, sur Chine,**

439. MICHELET (J.). L'Oiseau. Huitième édition, illustrée de 210 vignettes sur bois dessinées par H. Giacomelli. *Paris, L. Hachette et Cie*, 1867, gr. in-8, dos et coins mar. bleu, fil., dos orné et mosaïqué, tête dor., non rogné.

Premier tirage.

440. MICHELET (J.). Thérèse et Marianne. Souvenirs de jeunesse. Onze eaux-fortes originales de V. Foulquier. *Paris, L. Conquet*, 1891, in-18, dos et coins mar. gris, fil., dos orné, tête dor., non rogné, couverture (*Pierson*).

Un des 30 exemplaires (n° 30) imprimés sur **papier du Japon**, contenant les eaux-fortes en **trois états** dont l'**eau-forte pure.**

441. MIELOT (Jean). Vie de Sainte Catherine d'Alexandrie par Jean Miélot, l'un des secrétaires de Philippe le Bon, duc de Bourgogne. Texte revu et rapproché du français moderne par Marius Sepet. *Paris, Georges Hurtrel*, 1881, gr. in-8, figures, mar. viol., fil., coins et milieux ornés d'un petit comp. de fil. dor., d'un large fil. de mar. noir et de feuillages à petits fers, chiffre mosaïqué sur les plats, doublé de mar. brun, gardes en étoffe brochée, tête dor., non rogné (*Allô*).

Illustrations du texte et hors texte, encadrements à chaque page, par MM. *Urrabietta, Vierge, Pfnor, Garcia, Grasset, Guillemet*, etc.
Un des 30 exemplaires imprimés sur **papier du Japon.**

442. MISTRAL (Frédéric). Mireille, poème provençal. Traduction française de l'auteur, accompagnée du texte original. Édition de grand luxe contenant les eaux-fortes et les vignettes d'Eugène Burnand et les encadrements en couleur de H.-L. Pallandre. *Paris, Hachette et Cie*, 1884, in-fol., mar. vert, encad. de 2 larges fil. de mar. vert et rouge, compart. de fil. de mar. et de roses mosaïquées de mar. de diverses coul., feuillages à petits fers, chiffre mosaïqué sur les plats, dos orné et mosaïqué, encad. int. de filets et fleurs mosaïquées, gardes de moire, tête dor., non rogné (*Allô*).

Édition tirée à 150 exemplaires (n° 73) **sur papier du Japon.**
Riche reliure.

443. **MOLIÈRE.** Œuvres complètes, revues sur les textes originaux, par Adolphe Régnier. *Paris, Imprimerie nationale,* 1878, 5 vol. in-4, mar. rouge, encad. de 11 fil. droits et courbes, coins ornés, chiffre mosaïqué sur les plats, dos orné, doublé de mar. bleu, très large dent. XVIIIe siècle, à petits fers, gardes étoffe brochée, tête dor., non rognés (*Allô*).

Exemplaire auquel on a ajouté :

1° La collection des 34 **dessins** (dont 1 portrait) **originaux d'Adolphe Lalauze** pour l'édition publiée en anglais, à Edimbourg.

Ces dessins, exécutés à la plume et à l'encre de Chine, sont accompagnés d'un titre, avec vignette, dessiné par Ad. Lalauze.

2° La suite des 34 eaux-fortes gravées par *Ad. Lalauze,* d'après les dessins ci-dessus, en épreuves d'artiste sur Japon et signées à la mine de plomb.

444. MOLIÈRE. Trente-trois estampes pour les œuvres de Molière, composées par F. Boucher, réduites et gravées à l'eau-forte par T. de Marc. *Paris, Lefilleul,* 1881, in-4, dos et coins mar. gris, fil., dos orné, tête dor., non rog.

Eaux-fortes en 4 états :
1° **Eaux-fortes pures** sur Japon. Tirées à 60 exemplaires ;
2° Eaux-fortes terminées, en bistre, sur Japon. Tirées à 30 exemplaires ;
3° Eaux-fortes terminées, en noir, sur Japon. Tirées à 60 exemplaires.
Ces trois suites signées par le graveur.
4° Eaux-fortes terminées et avec la lettre sur Hollande.

445. MOLIÈRE (J.-B.-P. de). Psyché, tragédie-ballet ornée de six planches hors texte et de six culs-de-lampe gravés à l'eau-forte par

Champollion et publiée sous la direction de M. Em. Bocher. *Paris, Librairie des bibliophiles*, 1880, in-4, mar. rouge, compart. de fil. à la Du Seuil; chiffre mosaïqué sur les plats, dos orné, dent. int., tranches dor. (*Champs*).

Un des 14 exemplaires imprimés sur **papier du Japon** avec cinq épreuves des gravures hors texte et double épreuve des culs-de-lampe.

446. MOLIÈRE. Illustrations pour le théâtre de Molière, dessinées et gravées à l'eau-forte par Edmond Hédouin. *Paris, Damascène Morgand*, 1888, très gr. in-8, dos et coins mar. lie de vin, dos orné, tête dor., ébarbé (*Couvert.*).

36 planches.

Suite tirée sur **papier du Japon**, en trois états : **eau-forte pure**, avant la lettre et le cadre, et épreuves terminées avant la lettre. Toutes ces épreuves sont signées à la mine de plomb par le graveur.

447. MONNIER (Antoine). Le Haschisch, contes en prose, sonnets et poèmes fantaisistes illustrés de trente eaux-fortes. Texte et gravures par Antoine Monnier. *Paris, Léon Willem*, 1877, in-4, dos et coins mar. orange, fil., dos orné, tête dor., non rog. (*Champs*).

Un des 10 exemplaires imprimés sur **papier de Chine**.

448. MONTESQUIOU (Robert de). Prières de Tous. Huit dizaines d'un chapelet rythmique. Dessins de Mme Madeleine Lemaire. *Paris, Maison du livre*, 1902, pet. in-4, demi-rel. mar. grenat, fil., dos orné, tête dor., non rogné, couverture illust. (*Pierson*).

Un des 50 exemplaires imprimés sur **papier du Japon**.

449. MONTESQUIOU (Cte Robert de). Les Perles rouges, 93 sonnets. Avec quatre eaux-fortes inédites d'Albert Besnard. *Paris, Eugène Fasquelle*, 1899, in-4, demi-rel. mar. rouge, fil., dos orné, tête dor., non rogné, couverture (*Pierson*).

Édition de luxe tirée à 160 exemplaires; un des 149 imprimés sur papier vélin de cuve.

450. MONTORGUEIL (Georges). La Vie à Montmartre. Illustrations de Pierre Vidal. *Paris, Boudet, s. d.*, gr. in-8, fig. en noir et en couleurs, mar. vert, fil., chiffre sur les plats, dos orné de

roses mosaïquées, dent. int., tête dor., ébarbé, couverture illust. (*Domont*).

Un des 25 exemplaires imprimés sur **papier du Japon**, contenant une suite à part **sur Chine** avant la lettre de toutes les lithographies.

451. MONTORGUEIL (Georges). France. Son histoire, racontée par Georges Montorgueil. Imagée par Job. *Paris, Charavay, Mantoux, Martin, Librairie d'éducation de la Jeunesse, s. d.*, in-4, fig. en couleurs, mar. grenat, encad. de 5 fil., chiffre mosaïqué sur les plats, dos orné, encad. int. de fleurs de lis, tr. dor., couverture (*Champs*).

Exemplaire (n° 9) imprimé sur **papier du Japon**.

452. MONTORGUEIL (Georges). La Cantinière. France, son histoire. Imagé par Job. *Paris, Charavay, Mantoux, Martin, s. d.*, in-4, fig. en couleurs, demi-rel. mar. bleu, fil., dos orné, tête dor., non rogné (*Pierson*).

Exemplaire (n° 9) imprimé sur **papier du Japon**.

453. MONTORGUEIL (Georges). Les Trois couleurs, France, son histoire. Imagé par Job. *Paris, Charavay, Martin, s. d.*, in-4, fig. en couleurs, demi-rel. mar. bleu, fil., dos orné, tête dor., non rogné, couverture illust. (*Pierson*).

Exemplaire (n° 39) imprimé sur **papier du Japon**.

454. MONTORGUEIL (Georges). Murat. Murat à l'auberge paternelle. L'Engagé volontaire. Le Cavalier d'Aboukir. Le Beau-Frère de Napoléon. Le Roi de Naples. La Garde-robe d'un héros. Un Roi en haillons. Le Drame du Pizzo. Texte de G. Montorgueil. Aquarelles de Job. *Paris, Hachette et Cie, s. d.*, in-fol. oblong, mar. grenat, comp. de 10 fil., angles ornés, dos orné, encad. int. avec chiffre mosaïqué, tête dor., non rogné, couverture en toile illustrée par Job. (*Champs*).

Un des 40 exemplaires (n° 6) imprimés sur **papier de Chine** ; il contient une **grande aquarelle originale de Job.**

455. MONTORGUEIL (Georges). Paris au hasard. Illustrations composées et gravées sur bois par Auguste Lepère. *Paris, Im*

primé pour Henri Béraldi, 1895, in-8, demi-rel. mar. grenat, fil., dos plat orné, tête dor., non rogné, couverture (*Pierson*).

Édition imprimée à 138 exemplaires sur papier vélin de cuve des Papeteries du Marais.

456. MONTORGUEIL (Georges). Les Déshabillés au Théâtre. Illustrations de Henri Boutet. *Paris, H. Floury,* 1896, petit in-8, demi-rel. mar. vert, fil., dos orné, tête dor., non rogné, couvert. illust. (*Pierson*).

Exemplaire imprimé sur **papier du Japon** pour M. le Comte A. Werlé, contenant les figures hors texte en **trois états** dont une enluminée au pinceau, et un **tirage à part** en bistre sur Chine de toutes les vignettes du texte.

457. MONTORGUEIL (Georges). La Vie des boulevards. Madeleine-Bastille. Texte par Georges Montorgueil. 200 dessins en couleurs par Pierre Vidal. *Paris, Anc. Maison Quantin,* 1896, gr. in-8, demi-rel. mar. vert clair, fil., dos orné et mosaïqué, tête dor., non rogné, couverture illustrée (*Pierson*).

Un des 100 exemplaires (n° 23) imprimés sur **papier du Japon** pour la Librairie Conquet.

Celui-ci est orné, sur le faux-titre, d'une **aquarelle originale** de **Pierre Vidal**.

458. MONTORGUEIL (Georges). Paris dansant. Illustrations de A. Willette, gravées en taille-douce et en couleurs par Vigna-Vigneron. *Paris, Théophile Belin,* 1898, in-8, mar. bleu ciel, fil., chiffre sur les plats, dos orné et mosaïqué, encad. int. de 7 fil., tête dor. non rogné (*Couvert.*).

Tirage unique à 200 exemplaires sur papier vélin, avec les planches en deux états : en couleurs et en bistre et les tirages successifs d'une planche.

459. MONTORGUEIL et JOB. La Tour d'Auvergne, premier grenadier de France. *Paris, Combet et Cie,* 1902, in-4, mar. noir, encad. de 5 fil., chiffre mosaïqué sur les plats, dos orné, encad. int., formé de petites feuilles de laurier, tr. dor., couvert. illust. (*Champs*).

Un des 50 exemplaires (n° 7) imprimés sur **papier du Japon**.

460. MOREAU (Émile). Le Secret de Saint-Louis. Douze compositions par Adrien Moreau, gravées à l'eau-forte par X. Le Sueur.

Paris, Ch. Delagrave, s. d., in-4, demi-rel. mar. bleu, fil., dos orné, tête dor., non rogné, couverture illust. (*Pierson*).

Un des 50 exemplaires (n° 13) imprimés sur **papier du Japon** contenant les eaux-fortes en deux états, réservés à la Librairie Conquet, Carteret successeur.

461. MOREAU (Émile). Le Secret de Saint-Louis. Douze compositions par Adrien Moreau, gravées à l'eau-forte par X. Le Sueur. *Paris, Ch. Delagrave*, in-4, mar. bleu, encad. de fil., chiffre mosaïqué sur les plats, dos orné, large dent. int., tranches dor., couverture (*Champs*).

462. MOREAU (Hégésippe). Petits contes en prose ; le Gui de chêne, la Souris blanche, les petits Souliers, Thérèse Sureau. Illustrés d'un portrait et de douze compositions par Felix Oudart. *Paris, Rouquette*, 1892, in-8, dos et coins, mar. bleu, fil., dos orné, tête dor., non rogné, couvert. illust. (*Pierson*).

Un des 13 exemplaires (n° 8) imprimés sur **papier du Japon**, contenant les figures en trois états, dont **l'eau-forte pure** et une **aquarelle originale** de **F. Oudard**.

On y a ajouté une épreuve du portrait tirée en couleurs.

463. MOREAU (Hégésippe). Petits Contes à ma sœur. Soixante-deux illustrations de Dunki, gravées par Clément Bellenger. *Paris, Édouard Pelletan*, 1896, in-4, mar. olive, compart. de fil., dos orné, dent. int., tête dor., non rogné, couverture (*Pierson*).

Un des 26 exemplaires (n° 12) imprimés sur **Japon ancien** in-4 raisin, contenant une **aquarelle originale** et une **double suite d'épreuves d'artiste**, signées, sur Japon et sur Chine.

464. MORIN (Louis). Carnavals parisiens. *Paris, Montgredien et Cie, Librairie illustrée, s. d.*, in-12, cartonn. dos et coins mar. rouge, fil., dos orné, non rogné, couverture illust. (*Carayon*).

Un des 25 exemplaires (n° 14) imprimés sur **papier du Japon** ; tous les dessins ont été aquarellés, sous la direction de l'auteur, et signés par lui.

On y a ajouté **deux dessins originaux** de **L. Morin** refusés (pour les pages 67 et 116), le prospectus de l'ouvrage, tiré également sur Japon et une seconde couverture.

465. MORIN (Louis). Les Cousettes, physiologie des couturières

de Paris. Vingt et une compositions dessinées et gravées à la pointe sèche par Henry Somm. *Paris, L. Conquet,* 1895, in-8, cartonn. demi-mar. bleu, fil., dos orné et mosaïqué, tête dor., non rogné, couverture (*Pierson*).

Tirage unique à 100 exemplaires sur **papier du Japon**. On a joint à cet exemplaire un volume in-4, même reliure, renfermant 30 **épreuves d'artiste** en divers états sur Japon et sur vélin.

466. MORIN (Louis). Les Dimanches parisiens. Notes d'un décadent. Quarante et une eaux-fortes originales de A. Lepère. *Paris, L. Conquet,* 1898, gr. in-8, mar. grenat, fil., chiffre sur les plats, dos orné à petits fers, dent. int., tête dor., non rogné, couverture (*Champs*).

Tirage unique à 250 exemplaires sur papier vélin.

Exemplaire contenant les illustrations de *Lepère* en trois états dont l'**eau-forte pure**.

On y a ajouté 31 figures refusées, en divers états.

467. MORIS (Henri). Au Pays bleu (Alpes-Maritimes). Préface d'André Theuriet. Illustré d'aquarelles d'Émile Costa et de David-Dellepiane et de 500 gravures en phototypie d'après nature. *Paris, E. Plon, Nourrit et Cie, s. d.,* in-4, cartonn. demi-mar. bleu, fil., dos orné, tête dor., non rogné (*Pierson*).

Un des 25 exemplaires (n° 21), imprimés sur **papier du Japon**, avec intercalation de gravures **avant la lettre**.

468. MOUREY (Gabriel). Fêtes foraines de Paris. Gravures d'Edgar Chahine. *Paris, Imp. Renouard,* 1906, in-8, en feuilles dans un carton (*Couvert*).

Publication de la *Société des cent bibliothèques,* tirée à 130 exemplaires par les soins de M. Eugène Rodrigues.

469. MUCHA (A.-M.). Le Pater. Commentaire et compositions de A.-M. Mucha. *Paris, F. Champenois, H. Piazza et Cie, s. d.* (1899), in-fol., mar. bleu, large encad. de 8 fil. et de fleurs mosaïquées, dos orné et mosaïqué, dent. int., tête dor., non rogné (*Couvert. illust.*).

Un des 50 exemplaires (n° 17) imprimés sur **papier du Japon**, contenant une suite en couleurs sur papier spécial à la forme du Marais et une suite en noir sur Chine.

Belle aquarelle originale de Mucha au commencement du volume.

470. MUCHA (A.-M.). Le Pater. Commentaire et compositions de A.-M. Mucha. *Paris, F. Champenois, H. Piazza et Cie, s. d.* (1899), in-fol., mar. gren., grand encad. de 8 fil., dos orné, dent. int., tête dor., non rogné, couverture illustrée.

Un des 50 exemplaires (n° 51) réimprimés sur **papier du Japon**, contenant une suite en couleurs sur papier spécial à la forme du Marais et une suite en noir sur Chine.

471. MULLER (Eugène). La Mionette ; 28 compositions de A. Cortazza, gravées à l'eau-forte par Abot et Clapès. *Paris, L. Conquet,* 1885, in-12, cartonn. souple, mar. orange à recouvrements, tête dor., non rogné, couvert. illust. (*Pierson*).

Exemplaire imprimé sur **papier du Japon**, contenant les figures en trois états **dont l'eau-forte pure**.

472. MURGER (Henry). Scènes de la vie de Bohême. Compositions de Charles Léandre, gravées en couleurs par Eug. Decisy.. *Paris, A. Romagnol,* 1902, in-4, dos et coins mar. vert, fil., dos orné, tête dor., non rogné, couverture (*Pierson*).

Un des 15 exemplaires imprimés sur **grand papier vélin** d'Arches ; comprenant **trois états** de toutes les illustrations et la décomposition des couleurs d'une planche.

473. MUSSET (Alfred de). Œuvres complètes, avec lettres inédites, variantes, notes, index, fac-simile, notice biographique par son frère. Édition ornée de 28 dessins de M. Bida et d'un portrait d'Alfred de Musset, d'après l'original de M. Landelle, gravés sur acier sous la direction de M. Henriquel Dupont par les premiers artistes. *Paris, Charpentier,* 1865-1866, 10 vol., gr. in-8, mar. rouge, jans., chiffre sur les plats, dent. int., tête dor., non rogné.

Édition dédiée aux amis du poète, imprimée sur papier de Hollande.

474. MUSSET (Alfred de). Illustrations pour les œuvres d'Alfred de Musset. Aquarelles par Eugène Lami, eaux-fortes par Adolphe Lalauze. *Paris, Damascène Morgand,* 1883, in-4, mar. rouge, jans., doublé de moire bleue, dent. int., non rogné (*Allô*).

Suite en 3 états sur Japon : 1er état **(eau-forte pure)**, 2e et 3e états.

475. MUSSET (A. de). Nouvelles, les deux maîtresses ; Emmeline ; le fils du Titien ; Frédéric et Bernerette ; Pierre et Camille. Nouvelle édition, illustrée d'un portrait gravé par Burney d'après une miniature de Marie Moulin et de 15 compositions de F. Flameng et O. Cortazzo, gravées à l'eau-forte par Mordant et Lucas. *Paris, L. Conquet,* 1887, in-8, mar. vert, encad. de 3 fil., dos orné, dent. int., tête dor. , non rogné, couverture (*Pierson*).

Exemplaire imprimé sur **grand papier vélin** (n° 10), contenant les eaux-fortes en trois états dont **l'eau-forte pure.**

476. MUSSET (Alfred de). La Confession d'un enfant du siècle. Avec dix compositions de P. Jazet, gravées à l'eau-forte par E. Abot. *Paris, May et Motteroz,* 1891, gr. in-8, dos et coins mar. gris, fil., dos orné, tête dor., non rogné, couverture illust. (*Pierson*).

Un des 20 exemplaires (n° 1) imprimés sur **papier du Japon**, contenant les eaux-fortes en trois **états** dont **l'eau-forte pure.**

477. MUSSET (Alfred de). La Mouche, illustrée de trente compositions par Ad. Lalauze. Préface par Philippe Gille. *Paris, A. Ferroud,* 1892, in-8, mar. brun, jans., dent. int., tête dor., non rogné, couvert. illust. (*Pierson*).

Exemplaire imprimé sur **papier du Japon,** contenant les figures en trois états, dont **l'eau-forte pure,** signée par le graveur.

478. MUSSET (Alfred de). Lorenzaccio, drame. Décoration d'Albert Maignan. *Paris, pour la Société des Amis des livres,* 1895, in-8, veau fauve, plats entièrement couverts de fleurs et d'ornements exécutés par la pyrogravure et peints en diverses couleurs, doublé et gardes de moire olive, tr. dor.

Édition tirée à 115 exemplaires (n° 76) sur papier de Chine ; figures tirées en couleurs.

479. MUSSET (Alfred de). Les Nuits et Souvenir. Portrait d'après David d'Angers. Illustrations de A. Gérardin gravées par Florian. *Paris, Édouard Pelletan,* 1896, in-4, mar. bleu, janséniste, chiffre mosaïqué sur les plats, doublé de mar. bleu ciel, gerbe de fleurs

mosaïquées, semis d'étoiles argentées et croissant de mar. jaune, couverture illust. (*Champs*).

Un des 23 exemplaires (n° 21) sur Japon ancien in-4 raisin (texte réimposé), contenant une **aquarelle originale de Gérardin** et une double suite d'épreuves d'artiste, signées.

480. MUSSET (Alfred de). Les Nuits et Souvenir. Portrait d'après David d'Angers, interprété par Florian. Illustration de A. Gérardin gravées par Florian. *Paris, Édouard Pelletan,* 1896, in-8, demi-rel. mar. lilas, fil., dos plat orné, tête dor., non rogné, couverture (*Pierson*).

Exemplaire sur papier vélin.

481. MUSSET (Alfred de). On ne badine pas avec l'amour, proverbe en 3 actes, orné d'une couverture illustrée et de 35 lithographies originales par Louis Morin. *Paris, L. Carteret et Cie*, 1904, in-8, mar. brun, comp. de fil. et de feuillage à petits fers, dos orné, dent. int., tête dor., non rogné (*Pierson*).

Tirage unique à 200 exemplaires de grand luxe sur papier vélin du Marais à la forme.

482. MUSSET (Alfred de). Histoire d'un merle blanc. Compositions originales de H. Giacomelli, gravées au burin et à l'eau-forte par L. Boisson. *Paris, L. Carteret et Cie*, 1904, in-8, broché (*Couverture illustrée*).

Tirage unique à 200 exemplaires de grand luxe sur papier vélin.
Un des 30 exemplaires (n° 17) contenant une double suite (eaux-fortes pures et épreuves d'artiste), tirée in-4 et renfermée dans un carton.

483. MUSSET (Alfred de). Histoire d'un merle blanc. Compositions originales de H. Giacomelli, gravées au burin et à l'eau-forte par L. Boisson. *Paris, L. Carteret et Cie*, 1904, in-8°, mar. vert, encad. de fil. droits et courbes, gerbe de roses mosaïquées sur le premier plat, dos orné et mosaïqué, dent. int., tête dor., non rogné, couverture illust. (*Pierson*).

Édition tirée à 200 exemplaires (n° 130) de grand luxe sur papier vélin du Marais à la forme.

484. MUSSET (Alfred de). Les Nuits ; la nuit de Mai, la nuit de Décembre, la nuit d'Août, la nuit d'Octobre. Édition ornée de

seize compositions dessinées et gravées à l'eau-forte par Émile Norsigat. *Paris, Louis Conard,* 1905, in-8, mar. noir, grand encad. de fil., angles ornés, dos orné, dent. int., tête dor., non rogné, couvert. illust. (*Pierson*).

Un des 30 exemplaires (n° 4) imprimés sur **papier du Japon**, contenant les figures en **quatre états**, dont deux états d'eau-forte (eau-forte pure et eau-forte avancée).

485. MUSSET (Alfred de). Rolla. Compositions de Georges Desvallières, reproduites en couleurs par Fortier et Marotte. *Paris, A. Romagnol,* 1906, in-8, dos et coins mar. olive, fil., dos orné et mosaïqué, tête dor., non rogné, couverture illust. (*Champs-Stroobants*).

Un des 20 exemplaires (n° 11) imprimés sur **papier du Japon**, contenant **quatre états** des illustrations hors texte et **trois états** des vignettes.

486. NAJAC (Émile de) et MILLAUD (Albert). Le Fiacre 117, comédie en 3 actes. *Paris, Librairie théâtrale,* 1886, in-12, mar. vert., jans., dent. int., tête dor., non rogné, couverture (*Pierson*).

Édition originale.

Exemplaire orné, sur les titre et faux-titre et dans les marges, de 96 **aquarelles ou dessins originaux** par **Henriot.**

487. NÉEL. Voyage de Paris à S. Cloud par mer et par terre, par L. Balthazar Néel (de Rouen) suivi du Retour, par Augustin-Martin Lottin. Avec introduction et douze eaux-fortes par Jules Adeline. *Rouen, E. Augé,* 1878, très gr. in-8, mar. gren., jans., doublé de mar. vert, très large dent. à petits fers, tr. dor. (*Champs*).

Un des 45 exemplaires (n° 1) imprimés sur **grand papier de Hollande,** contenant les eaux-fortes en deux états, et une série complète des épreuves oblitérées après le tirage.

488. NERVAL (Gérard de). Sylvie, souvenirs du Valois. Préface par Ludovic Halévy ; 42 compositions dessinées et gravées à l'eau-forte par Ed. Rudaux. *Paris, L. Conquet,* 1886, pet. in-8, mar. La Vall., large encad. de mar. bleu, orné de filets et de feuillages à petits fers, chiffre mosaïqué sur les plats, dos orné

et mosaïqué, dent. int., tête dor., non rogné, couverture (*Allô*).

Un des 30 exemplaires (n° 7) imprimés sur **grand papier du Japon**, contenant les eaux-fortes en trois états dont **l'eau-forte pure.**

Aquarelle originale de **Rudaux** sur le faux-titre.

489. NERVAL (Gérard de). La Maison enchantée. Préface par Jules de Marthold. Illustré d'un portrait et de 24 compositions par Marcel Pille, gravées au burin et à l'eau-forte par Le Sueur et Mairesse. *Paris, L. Conquet*, 1901, in-12, demi-rel. mar. olive, fil., dos orné, tête dor., non rogné, couverture (*Pierson*).

Exemplaire (n° 32) imprimé sur **papier vélin**, contenant les figures en deux états : **avant** et avec la lettre.

490. NODIER (Charles). Histoire du Roi de Bohême et de ses sept châteaux. *Paris, Delangle frères*, 1830, in-8, mar. grenat, compart. de fil. droits et courbes, coins et milieu mosaïqués, dos orné et mosaïqué, fil., dent. int., tr. dor.

Édition contenant 50 vignettes gravées sur bois par *Porret*.

491. NODIER. Contes de Charles Nodier. Trilby. — Le Songe d'or. — Baptiste Montauban. — La Tombe de l'homme mort, etc., etc. Eaux-fortes par Tony Johannot. *Paris, J. Hetzel*, 1846, gr. in-8, chag. brun très foncé, encad. de 7 filets, plaque dorée sur les plats, dos orné, tr. dor.

Première édition illustrée : les eaux-fortes sont sur papier de Chine collé.

Reliure de l'éditeur, très fraîche.

492. NODIER (Charles). Le Bibliomane. Vingt-quatre compositions de Maurice Leloir gravées sur bois par F. Noël. Préface de R. Vallery Radot. *Paris, L. Conquet*, 1894, pet. in-12, dos et coins mar. La Vall., dos orné, tête dor., non rogné, couverture illust. (*Pierson*).

Exemplaire (n° 1) imprimé sur **papier du Japon**, contenant un **tirage à part** de toutes les gravures.

493. NODIER (Charles). Le dernier Chapitre de mon roman. Préface de Maurice Tourneux. Nouvelle édition, illustrée de trente-

trois compositions de Louis Morin. *Paris, L. Conquet,* 1895, in-8, mar. orange, premier plat orné d'un motif de filets et fleurs mosaïquées, carquois, dos orné, dent. int., tête dor., non rogné, couverture illust. (*Pierson*).

Tirage à 200 exemplaires (n° 4) imprimés sur papier vélin blanc du Marais. Il est orné d'une **aquarelle originale** de **Louis Morin**, placée en frontispice.

494. NODIER (Charles). Inès de las Sierras. Compositions dessinées et gravées à l'eau-forte, en couleurs par Paul Avril. Préface de A. de Claye. *Paris, A. Ferroud,* 1897, gr. in-8, mar. La Vall., fil., chiffre sur les plats, dos orné, dent. int., tête dor., non rogné, couverture illustrée (*Stroobants*).

Tirage unique à 200 exemplaires sur **papier vélin** avec les tirages successifs des illustrations.

496. NODIER (Charles). Histoire du chien de Brisquet précédée d'une lettre à Jeanne par M. Anatole France. 25 compositions de Steinlen dont cinq hors texte en couleurs, gravées par Deloche, Froment, Ernest et Frédéric, etc. *Paris, Édouard Pelletan,* 1900, in-4, mar. tête de nègre, doublé de mar. rouge foncé, grand compart. de feuilles de chêne et de glands mosaïqués, de chardons dorés, gardes de soie brochée, tr. dor., couverture illust. (*René Kieffer*).

Un des 25 exemplaires (n° 15) imprimés sur **grand papier vélin** à la cuve des Papeteries du Marais ; contenant un **dessin original** de **Steinlen** et une double suite d'**épreuves d'artiste** signées, sur Japon ancien et sur Chine.

497. NODIER (Charles). Histoire du chien de Brisquet, précédée d'une lettre à Jeanne par M. Anatole France. 25 compositions de Steinlen, gravées par Deloche, E. Froment, Ernest et Frédéric Florian. *Paris, Édouard Pelletan,* 1900, in-4, dos et coins mar. noir, fil., dos orné, tête dor., non rogné (*Couverture illustrée*).

Un des 25 exemplaires (n° 13) imprimés sur **grand papier vélin**, contenant deux suites d'**épreuves d'artiste** signées, sur Japon ancien et sur Chine et un **dessin original** de **Steinlen**.

498. NODIER (Charles). La Légende de Sœur Beatrix. Illustra-

tions en couleurs de Henri Caruchet. *Paris, A. Rouquette*, 1903, in-8, dos et coins mar. brun, fil., dos orné, tête dor., non rog., couverture illust. (*Pierson*).

Édition imprimée à 160 exemplaires.

Un des 150 imprimés sur papier du Japon, contenant le tirage à part de la gravure au trait de toutes les illustrations.

499. NOGARET (F.). L'Aristenete français. Édition illustrée de cinquante compositions de Durand, gravées à l'eau-forte par E. Champollion. *Paris, L. Conquet*, 1897, 2 vol. in-16, demi-rel. mar. fauve, fil., dos orné, tête dor., non rognés, couvertures (*Pierson*).

Un des 15 exemplaires (n°9) imprimés sur papier du Japon, contenant les figures en trois états dont l'eau-forte pure.

500. NOLHAC (Pierre de). La Reine Marie-Antoinette. *Paris, Boussod, Valadon et Cie*, 1890, in-4, mar. grenat, grand encad. de fil., ornés de branches de roses mosaïquées, armes de Marie-Antoinette aux angles et sur les plats, dos orné et mosaïqué, large dent. int., tête dor., non rogné, couverture (*Champs*).

Un des 50 exemplaires (n° 34) imprimés sur papier du Japon ; il renferme une suite des planches imprimée en bistre.

Devenu rare et très recherché.

501. NOLHAC (Pierre de). La Dauphine Marie-Antoinette. *Paris, Boussod, Valadon et Cie, s. d.*, in-4, illust. d'après les documents contemporains, mar. bleu, encad. de 3 fil., armes de la Dauphine sur les plats, dos orné, large dent. int., tête dor., non rogné, couverture (*Pierson*).

Un des 75 exemplaires (n° 9) imprimés sur papier du Japon, accompagné d'une suite des planches tirées en bistre.

502. **NOLHAC** (Pierre de). Les Femmes de Versailles. *Goupil et Cie, Manzi, Joyant et Cie, Paris, s. d.*, 3 livraisons en feuilles, très gr. in-fol., dans 3 cartons, en étoffe bleue brochée.

Très belle publication de grand luxe. Imprimée à 100 exemplaires (n° 61) sur papier du Japon contenant 50 superbes portraits reproduits en couleurs d'après le procédé de la Maison Goupil.

Les livraisons 4 et 5 seront fournies à l'acquéreur de ces 3 livraisons.

503. NOLHAC (Pierre de). Louis XV et Marie Leczinska. *Paris, Goupil et Cie*, 1900, in-4, illust. d'après les documents contemporains, mar. rouge foncé, fil., large dent. à pet. fers, dos orné, dent. int., tête dor., non rogné, couverture (*Pierson*).

Un des 100 exemplaires (n° 32) imprimés sur **papier du Japon**, accompagnés d'une suite des planches tirées en bistre.

504. NOLHAC (Pierre de). Louis XV et Madame de Pompadour. *Paris, Goupil et Cie*, 1903, in-4, illust. d'après les documents contemporains, mar. bleu, large dent. à petits fers, dos orné, large dent. int., tête dor., non rogné, couverture (*Pierson*).

Un des 100 exemplaires (n° 36) imprimés sur **papier du Japon**, contenant une double suite des planches.

506. NOLHAC (Pierre). J.-M. Nattier, peintre de la cour de Louis XV. *Paris, Goupil et Cie*, 1905, 1 tome en 2 vol. in-4, mar. rouge, encad. de 5 fil., dos orné, large encad. int. avec chiffre mosaïqué aux angles, tête dor., non rogné, couverture (*Stroobants*).

Un des 75 exemplaires (n° 34) imprimés sur **papier du Japon**, contenant **2 suites supplémentaires des planches**: l'une tirée sur papier Whatman, l'autre tirée sur Chine blanc contre-collé sur papier teinté.

507. NOLHAC (Pierre de). François Boucher premier peintre du roi 1703-1770. *Paris, Goupil et Cie*, 1907, in-4, br., dans un carton.

Un des 100 exemplaires (n° 34) imprimés sur **papier du Japon**, contenant **2 suites supplémentaires des planches**: une sur papier Whatman, l'autre sur Chine blanc contre-collé sur papier teinté.

508. NORIAC (J.) [Jules Cayron]. Le 101e Régiment. *Paris, Librairie nouvelle, Jaccottet, Bourdilliat et Cie*, 1858, in-18, mar. rouge, jans., dent. int., tête dor., non rogné, couverture (*Pierson*).

Édition originale.
Exemplaire orné, sur le faux-titre et dans les marges, de 29 jolies petites **aquarelles originales de H. de Sta.**

509. OHNET (Georges). Noir et rose. *Paris, Paul Ollendorff,*

1887, in-12, mar. rouge, comp. de fil., angles ornés, dos orné, dent. int., tête dor., non rogné, couvert. (*Pierson*).

Édition originale.

Un des cent exemplaires imprimés sur **papier de Hollande** ; il est orné dans les marges de 54 **aquarelles originales** de **Jane L... (Labrousse).**

510. ORLÉANS (Henri d'), duc d'Aumale. La Bataille de Rocroy. *Paris, Société des Bibliophiles françois*, 1899, in-8, mar. grenat, encad. de 6 fil. avec fleurs de lis et trophées, dos orné, dent. int., tête dor., non rogné, couverture (*Henry-Joseph*).

Un des 104 exemplaires imprimés sur papier vélin du Marais. Cette publication tirée à 144 exemplaires est ornée d'un frontispice et du portrait du duc d'Aumale (gravés en noir) et de 8 eaux-fortes gravées en couleurs par *Ad. Lalauze*, d'après les aquarelles originales de son fils *Alphonse Lalauze.*

511. PARIS QUI CRIE, petits métiers ; notices par A. Arnal, H. H. Spencer Ashbee, J. Claretie, A. Giraudeau, H. Houssaye, Meilhac, V. Mercier, E. Paillet, J. Paillet, R. Portalis, E. Rodrigues ; préface par Henri Béraldi. Dessins de Pierre Vidal. *Paris, imprimé pour les Amis des livres*, 1890, petit in-4, dos et coins mar. vert, fil., dos orné, tête dor., non rogné, couvert. illust. (*Pierson*).

Édition imprimée à 120 exemplaires sur papier vélin, figures en couleurs.

512. PÉCHÉS CAPITAUX (Les). Compositions originales dessinées et gravées par Henry Detouche ; poésies inédites par Edmond Haraucourt, Jules de Marthold, Francis de Croisset, etc., etc. *Paris, Boudet*, 1900, in-4, figures en couleurs, dos et coins mar. citron, dos orné, tête dor., non rogné, couverture illust. (*Pierson*).

Exemplaire sur papier vélin du Marais.

513. PELLICO (Silvio). Mes prisons, suivi des devoirs des hommes. Traduction nouvelle par le Comte H. de Messey, revue par le Vicomte Alban de Villeneuve, avec notice biographique et littéraire sur Silvio Pellico et ses ouvrages par M. V. Philipon de la Madelaine. Édition illustrée d'après les dessins de MM. Gérard

Séguin, d'Aubigny, Steinheil, etc., etc. *Paris, H.-L. Delloye,* 1844, gr. in-8, dos et coins chag. noir, tr. dor. (*Rel. de l'époque*).

Premier tirage.

514. PÈNE (H. de). Henri de France. *Paris, H. Oudin,* 1884, in-4, mar. bleu, dos et plats semés de F et H couronnées, armes de France sur les plats, dos orné, doublé de mar. blanc, monog. formé des lettres H. et F. en mar. bleu, dent. int., gardes de moire crème, tête dor., non rogné (*Allô*).

Un des 200 exemplaires (n° 140) imprimés **sur papier du Japon.**

515. PERRAULT (Ch.). Contes, précédés d'une préface par P.-L. Jacob, bibliophile, et suivis de la dissertation sur les Contes de Fées par le baron Walckenaer. Douze eaux-fortes par Lalauze. *Paris, Librairie des Bibliophiles,* 1876, 2 vol. in-8, mar. vert, fil., dos orné, dent. int., tête dor., non rogné (*Champs*).

Un des 15 exemplaires imprimés sur **papier Whatman,** contenant les figures en deux états : **avant** et avec la lettre.

516. PERRAULT (Charles). Contes, d'après les textes originaux avec notice, notes et variantes et une étude sur leurs origines et leur sens mythique par Frédéric Dillaye. *Paris, Alphonse Lemerre,* 1880, in-12, dos et coins mar. La Vall., fil, dos plat orné et mosaïqué, tête dor., non rogné, couverture (*Pierson*).

Un des 58 exemplaires imprimés sur **papier Wattmann:** celui-ci est orné de 69 **aquarelles originales** de **Jane L... (Labrousse).**

517. PERRAULT. « Cendrillon et les Fées ». *Paris, Boussod, Valadon et Cie*, 1886, in-fol., mar. bleu, encad. de 5 fil., chiffre mosaïqué sur les plats, dos orné et mosaïqué, doublé de moire grenat, dent. int., tête dor., non rogné (*Allô*).

Aquarelles d'*Édouard de Beaumont* reproduites en fac-similé et imprimées en couleurs.

518. PERRAULT. « La Barbe Bleue » et « la Belle au bois dormant ». *Paris, Boussod, Valadon et Cie*, 1887, in-fol., mar. bleu pastel, encad. de 4 fil., compart. de fil. droits et courbes à la

Grolier, chiffre mosaïqué sur les plats, dos orné, doublé de mar. citron, grand encad. formé de 2 grandes bandes de mar. rouge, couvert. de 5 filets pleins et au pointillé, coins ornés à petits fers, tête dor., non rogné (*Champs*).

Aquarelles d'*Édouard de Beaumont* reproduites en fac-simile et imprimées en couleurs.

519. PERRAULT. Les Contes de Perrault, illustrés par E. Courboin, Fraipont, Geoffroy, Gerbault, Job, L. Morin, Robida, Vimar, Vogel, Zier. Introduction par Gustave Larroumet. *Paris, Henri Laurens, s. d.* (1897), in-4, demi-rel. mar. bleu, fil., dos orné, tête dor., non rogné, couverture illustrée (*Pierson*).

Un des 55 exemplaires (n° 12) imprimés sur **papier du Japon**, contenant une **double suite** des figures réimprimées sur Chine.

520. PERRET (Paul). Les Demoiselles de Liré. Illustré en collaboration par Charles Delort et Maurice Leloir. *Paris, Boussod, Valadon et Cie, s. d.*, in-4, mar. grenat, encad. de 4 fil., angles ornés de fleurs de lis mosaïquées de mar. blanc, dos orné et mosaïqué, large dent. int., tête dor., non rogné, couverture (*Henry-Joseph*).

Un des 20 exemplaires imprimés sur **papier Whatman**, dont les planches, ainsi que le frontispice, sont imprimés en couleurs.

Aquarelle originale de **Maurice Leloir** sur le faux-titre.

521. PEYRE (Roger). Napoléon Ier et son temps. Histoire militaire, gouvernement intérieur, lettres, sciences et arts. Ouvrage illustré de 13 planches en couleurs et 431 gravures et photogravures d'après les documents de l'époque et les monuments de l'art et accompagné de 21 cartes ou plans. *Paris, Firmin-Didot et Cie*, 1888, 1 tome en 2 vol. gr. in-8, mar. vert foncé, encad. d'un large fil. à froid et de 8 filets dorés, dos orné de fers de l'Empire, encad. int., tête dor., non rog. (*Champs*).

Un des 50 exemplaires (n° 28) imprimés sur **papier du Japon**.

522. PIÉDAGNEL (Alexandre). Avril, frontispice de Giacomelli, gravé à l'eau-forte par Lalauze. *Paris, Isidore Liseux*, 1877, in-16, mar. vert, large dent. à petits fers, chiffre aux angles dans

un médaillon de mar. La Vall., dos orné et mosaïqué, doublé de mar. La Vall., compart. de filets et milieu orné à petits fers, non rogné, étui de mar. vert (*Allö*).

Un des 4 exemplaires (nº 1) imprimés sur **parchemin**, contenant le frontispice en trois états.

523. PIÉDAGNEL (Alexandre). Jadis, souvenirs et fantaisies, avec six eaux-fortes de Marcel d'Aubépine. *Paris, Isidore Liseux*, 1886, gr. in-8, dos et coins mar. orange, fil., dos orné, tête dor., non rogné, couvert. (*Pierson*).

Un des 100 exemplaires (nº 42) imprimés sur **papier du Japon**, contenant les eaux-fortes en trois états.

524. PIFTEAU (Benjamin). Molière en province, étude sur sa troupe ambulante suivie de Molière en voyage, comédie en un acte, en vers. Avec un portrait de Molière d'après Mignard et quatre eaux-fortes dessinées par Mès, gravées par Legenisel. *Paris, Léon Willem*, 1879, in-12, mar. rouge, comp. de fil. à la Du Seuil, milieu et dos mosaïqués de mar. bleu, dent. int., tr. dor. (*Champs*).

Un des 3 exemplaires imprimés sur **peau de brebis**, avec les figures en double état : en noir et en bistre.

525. PIFTEAU (Benjamin). Les Maîtresses de Molière, amours du grand comique ; leur influence sur son caractère et son œuvre. Illustré de cinq eaux-fortes. *Paris, Léon Willem*, 1879, in-12, mar. brun, comp. de fil. à la Du Seuil, milieu et dos ornés à petits fers, dent. int., tr. dor. (*Champs*).

Un des 3 exemplaires imprimés sur **peau de brebis**, contenant les eaux-fortes en deux états : en noir et en bistre.

526. POE (Edgar). Histoires (et nouvelles histoires) extraordinaires, traduites par Charles Baudelaire, édition illustrée de gravures hors texte. *Paris, A. Quantin*, 1884, 2 vol. in-8, dos et coins mar. grenat, fil., dos orné, tête dor., non rognés, couvert. illust. (*Allö*).

20 eaux-fortes par *Chiffart, Abot, Wögel* et 6 héliogravures d'après *Férat, Herpin, Meyer, Méaulle* et *J.-P. Laurens*.

527. POE (Edgar). Quinze histoires d'Edgar Poe. Illustrations de Louis Legrand. *Paris, imprimé pour les Amis des livres*, 1897, gr. in-8, dos et coins mar. La Vall., fil., dos orné, tête dor., non rogné, couverture illust. (*Pierson*).

Édition imprimée à 115 exemplaires sur papier vélin par les soins de MM. Ch. Delafosse et E. Rodrigues. Les illustrations sont en deux états sur papier du Japon.

528. POÈMES ET BALLADES du Temps passé, par Jehan de Meung, Christine de Pisan, Charles d'Orléans, Villon, Ronsard, etc., etc., Préface de Jules de Marthold. Illustrations et eaux-fortes par A. de Robida, culs-de-lampe gravés sur bois, par P. Gusman. *Paris, Charles Meunier*, 1902, in-4, veau racine, dos orné, non rogné (*Couvert. illust.*).

Tirage à 115 exemplaires.

Un des 100 exemplaires imprimés sur papier vélin de cuve, papier teinté filigrané, contenant deux états sur Chine, noir et bistre, des 50 eaux-fortes de *Robida* et une suite à part sur Chine des bois des culs-de-lampe.

On y a ajouté le **dessin original** de **ROBIDA** de la composition de la page 85.

529. POMPADOUR (Mme de). Correspondance avec son père, M. Poisson et son frère, M. de Vandières; publiée pour la première fois, par M. A.-P. Malassis, suivie de lettres de cette dame à la comtesse de Lutzelbourg, à Paris Duverney, au duc d'Aiguillon, etc., et accompagnées de notes et de pièces annexes. *Paris, Baur*, 1878, in-8, demi-rel., dos et coins mar. orange, fil., dos orné, tête dor., non rogné (*Champs*).

Un des 12 exemplaires imprimés sur **papier de Chine**, contenant les 2 portraits en trois états.

530. PONSARD (René). Les Échos du bord, préface par François Coppée. Dessins de MM. Chabot, Willette, Grasset et Marboux. *Paris, J. Lemonnyer*, 1884, petit in-8, mar. vert, fil., dos orné, dent. int., tête dor., non rogné (*Allô*).

Un des 50 exemplaires (n° 18) sur **papier du Japon**.

531. PORTALIS (Baron Roger). Honoré Fragonard, sa vie et son œuvre. 210 planches et vignettes d'après les peintures, estampes

et dessins originaux, eaux-fortes par Lalauze, Champollion, Courtry, Wallet, Greux, etc., etc. *Paris, J. Rothschild,* 1889, 1 tome en 2 vol. gr. in-8, mar. bleu clair, encad. de 5 fil., chiffre mosaïqué sur les plats, dos orné, large dent. int., tête dor., non rogné, couverture illust. (*Champs*).

Un des 20 exemplaires (n° 6), imprimés sur **papier du Japon**, contenant trois états des eaux-fortes et des planches sur cuivre (dont deux **avant la lettre**) et 3 extra-planches.

532. PRÉVOST (Abbé). Histoire de Manon Lescaut et du chevalier des Grieux. Édition illustrée par Tony Johannot, précédée d'une notice historique sur l'auteur par Jules Janin. *Paris, Ernest Bourdin, s. d.,* gr. in-8, mar. rouge, fil., dos orné, dent. int., tr. dor. (*Cuzin*).

Un des rares exemplaires sur **papier de Chine**, imprimé d'un seul côté.

On y a joint : 1° la suite des eaux-fortes de *J. Chauvet* en deux états sur **Chine** et **avant** lettre, l'un en noir, l'autre en bistre ;

2° la suite sur **Chine** et **avant** la lettre des eaux-fortes d'*Hédouin* faites pour l'édition Jouaust.

533. PRÉVOST (Abbé). Histoire de Manon Lescaut et du chevalier des Grieux. Précédée d'une préface par Alexandre Dumas fils. *Paris, Glady frères,* 1875, in-8, port. de Dumas fils, portrait de l'abbé Prévost et eaux-fortes par Hédouin, mar. La Vall. fil , dos orné, dent. int., tête dor., non rog. (*Champs*).

Un des 200 exemplaires imprimés sur papier Van Gelder d'Amsterdam, avec les épreuves avant la lettre.

534. PRÉVOST (Abbé). Histoire de Manon Lescaut, avec une notice par M. Anatole France. *Paris, A. Lemerre,* 1878, petit in-8, mar. citron, fil., dos orné, dent. int., tête dor., non rogné (*Champs*).

Un des 50 exemplaires imprimés sur **papier de Chine**, contenant les 9 eaux-fortes de *Monziès,* d'après *Gravelot* et *Pasquier,* en deux états, **avant la lettre** sur Chine : en noir et en sanguine.

535. PRÉVOST (Abbé). Histoire de Manon Lescaut et du chevalier des Grieux. Préface de Guy de Maupassant. Illustrations de Maurice Leloir. *Paris, Librairie artistique, H. Launette,* 2 vol.

in-4, mar. bleu, grand encad. formé de 9 filets, angles et milieu ornés, chiffre mosaïqué sur les plats, dos orné, doublé de mar. rouge, fil., grande gerbe d'œillets et oiseau mosaïqués, gardes étoffe brochée, ornée de fleurs et oiseaux, tête dor., non rognés, couvertures tirées sur satin (*Allô*).

Un des 40 exemplaires imprimés sur **papier du Japon**, contenant :
1° Une **quadruple suite** des illustrations dont une sur satin et l'eau-forte pure ;
2° Une **aquarelle originale** de **Maurice Leloir** sur le faux-titre ;
3° Un **tirage à part** de toutes les vignettes sur bois.

536. PRÉVOST (Marcel). L'Accordeur aveugle. Illustrations de François Courboin. *Paris, Alphonse Lemerre*, 1905, in-12 tiré in-8, cartonn. demi-rel. mar. violet, fil., dos orné, tête dor., non rogné, couvert. illust. (*Pierson*).

Un des 20 exemplaires (n° 5) imprimés sur **papier du Japon**, contenant deux suites des illustrations : en couleurs dans le texte et le **tirage à part** du trait, en noir.

537. PRINTEMPS DES CŒURS (Le). Rabiâ el Kouloub, ou le Printemps des Cœurs ; légendes sahariennes, recueillies par Sliman-ben-Ibrahim, traduites et illustrées par E. Dinet. *Paris, l'Édition d'Art*, 1902, in-8 carré, mar. bleu, grand encad., milieu orné et mosaïqué, dos orné, tête dor., non rog., couvert. illust. (*Henry-Joseph*).

Un des 10 exemplaires (n° 6) imprimés sur **papier du Japon**, contenant un état en couleurs des figures sur **Japon mince**, un état en noir et une **aquarelle originale** de **E. Dinet**.
Volume très recherché.

538. PRIVAT D'ANGLEMONT (A.). Paris anecdote. Avec une préface et des notes, par Charles Monselet. Édition illustrée de cinquante dessins à la plume par J. Belon et d'un portrait de Privat d'Anglemont, gravé à l'eau-forte par R. de Los Rios. *Paris, P. Rouquette*, 1885, in-8, mar. fauve, grand compart. de mar. bleu et feuillages à petits fers, dos orné et mosaïqué de mar. bleu, avec dent. large dent. int., tr. dor., couvert. illust. (*Louise-Reymann-Cuzin*).

Un des 50 exemplaires (n° 50) imprimés sur **papier du Japon**, contenant un **tirage à part** de toutes les figures.

539. PRIVAT D'ANGLEMONT (A.). Paris inconnu, avec une étude sur la vie de l'auteur, par Alfred Delvau. Soixante-trois dessins à la plume, par F. Coindre. *Paris, P. Rouquette,* 1886, gr. in-8, mar. rouge, fil., chiffre sur les plats, dos orné, dent. int., tête dor., non rogné, couvert. illust. (*Allô*).

Un des 50 exemplaires (n° 23) imprimés sur **papier du Japon**, contenant un **tirage à part** de toutes les figures.

540. PROPOS DE TABLE (Les) de la vieille Alsace. Illustrés tout au long de dessins originaux des anciens maîtres alsaciens. Œuvre de réconfort ajustée à l'heure présente, traduite, annotée et enrichie de compositions nouvelles par Émile Reiber. *Paris, H. Launette,* 1886, in-4, mar. La Vall., encad. de fil. et de fers à froid, chiffre doré sur les plats, dos orné, dent. int., tête dor., non rogné, couverture illust. (*Champs*).

Exemplaire imprimé sur papier des Vosges.

541. PROUST (Marcel). Les Plaisirs et les Jours. Illustrations de Madeleine Lemaire. Préface d'Anatole France et quatre pièces pour piano de Reynaldo Hahn. *Paris, Calmann Lévy,* gr. in-8, demi-rel. mar. fauve, fil., dos orné, tête dor., non rogné (*Couvert. illust.*).

Un des 20 exemplaires imprimés sur **papier du Japon**, contenant une **aquarelle originale de Madeleine Lemaire.**

542. QUEVEDO (Franscico de). Pablo de Ségovie el grand tacano. Traduit par J.-H. Rosny, illustré de cent vingt dessins par Daniel Vierge, reproduits par l'héliogravure avec retouche des cuivres par l'artiste. Étude sur Daniel Vierge par Roger Marx. *Paris, Édouard Pelletan,* 1902, in-4, demi-rel. mar. vert, fil., dos orné, tête dor., non rogné, couverture (*Pierson*).

Exemplaire imprimé sur papier à la forme.

543. QUINZE JOYES (Les) de mariage, avec des notes et un glossaire par D. Jouaust et une préface par Louis Ulbach. Eaux-fortes par Ad. Lalauze. *Paris, Librairie des Bibliophiles,* 1887, in-8, mar. vert, fil., dos orné, dent. int., tête dor., non rogné couvert. (*Pierson*).

Un des 170 exemplaires imprimés sur **grand papier de Hollande.**

544. RABELAIS. Œuvres. Texte collationné sur les éditions originales, avec une vie de l'auteur, des notes et un glossaire. Illustrations de Gustave Doré. *Paris, Garnier frères,* 1873, 2 tom. en 1 vol., in-fol., mar. La Vall., fil., chiffre sur les plats, milieu et dos ornés à petits fers, dent. int., tête dor., non rogné (*Tinot*).

Premier tirage.

Un des 25 exemplaires (n° 23) imprimés sur **papier de Chine.**

545. RÉGAMEY (Félix). Japon. *Paris, P. Paclot,* in-4, nomb. illust. en noir et en couleurs, demi-rel. mar. La Vall., fil., dos orné et mosaïqué, tête citr., non rogné, couvert. illust. (*Pierson*).

Un des 25 exemplaires (n° 4) imprimés sur **papier du Japon,** avec un **dessin polychrome original** de l'auteur sur le faux-titre.

546. RÉGNIER (Henri de). Esquisses Vénitiennes, avec 10 planches hors texte, gravées en taille-douce et des dessins dans le texte par Maxime Dethomas. *Paris, Collection de l'Art décoratif,* 1906. pet. in-4, dos et coins mar. bleu, fil., dos orné, tête dor., couverture illust. (*Champs-Stroobants*).

Un des 20 exemplaires (n° 13) imprimés sur **papier du Japon,** avec une double suite des planches en taille-douce.

547. REGNIER DE GRAAF. L'Instrument de Molière. Traduction du traité de Clysteribus, de Régnier de Graaf (1668). *Paris, Damascène Morgand et Charles Fatout,* 1878, in-8, port. et petites vignettes, mar. La Vall., chiffre mosaïqué sur les plats, dent. int., tête dor., ébarbé (*Allô*).

Exemplaire imprimé sur **papier de Chine,** auquel on a ajouté 8 **dessins originaux d'Ad. Lalauze** préparés pour cette édition et qui n'ont pas été gravés. Une lettre d'Ad. Lalauze, donnant quelques détails sur ces dessins, a été reliée en tête du volume.

548. REISET (Vicomte de). Marie-Caroline, duchesse de Berry, 1816-1830. *Paris, Goupil et Cie,* 1906, in-4, illust. d'après les documents contemporains, mar. bleu, angles et dos ornés à petits fers, large encad. int. avec petit chiffre mosaïqué, tr. dor., couverture (*Stroobants*).

Un des 130 exemplaires imprimés sur **papier du Japon,** contenant une double série de planches.

549. RENAN (Ernest). Ma sœur Henriette, avec illustrations d'après Henri Scheffer et Ary Renan, reproduites par l'héliogravure. *Paris, Calmann Lévy,* 1895, pet. in-12, demi-rel. mar. violet, fil., dos orné, tête dor., non rogné, couvert. illust. (*Pierson*).

Un des 125 exemplaires (n° 37) imprimés sur **papier du Japon.**

550. RENAN (Ernest). Prière sur l'Acropole. Compositions de H. Bellery-Desfontaines, gravées par Eugène Froment. *Paris, Édouard Pelletan,* 1899, in-4, mar. tête de nègre, encad. de filets dorés et médaillons de mar. de diverses couleurs, dos orné, dent. int., tête dor., non rogné, couverture (*Pierson*).

Un des exemplaires (n° 13) imprimés sur **papier du Japon** ancien, contenant une double suite en **épreuves d'artiste** sur Japon mince et sur Chine, toutes ces épreuves signées par le graveur, et un **dessin aquarelle** de **Bellery-Desfontaines.**

551. RENAN (Ernest). Le Broyeur de lin. Avec préface des Souvenirs d'enfance et de jeunesse. Vingt-sept eaux-fortes originales de Ed. Rudaux. *Paris, L. Conquet, L. Carteret et Cie,* 1901, pet. in-8, demi-rel. mar. bleu clair, fil., dos orné, tête dor., non rogné, couverture illust. (*Pierson*).

Un des exemplaires de grand choix imprimés sur papier vélin du Marais, contenant le **tirage à part** de toutes les eaux-fortes.

552. RÉVEILHAC (Paul). Étapes d'un mobile parisien. Six compositions de Sahib gravées par Clapès. *Paris, C. Marpon et E. Flammarion,* 1886, in-16, mar. rouge, compart. de fil., angles et chiffre mosaïqués sur les plats, dos orné et mosaïqué, dent. int., tête dor., non rogné (*Allô*).

Papier vélin du Marais.

553. REYBAUD (Louis). Jérôme Paturot à la recherche de la meilleure des Républiques. Édition illustrée par Tony Johannot. *Paris, Michel Lévy frères,* 1849, gr. in-8, toile brune, avec plaque dorée, tr. dor. (*Cartonn. des éditeurs*).

Premier tirage.

554. REY ROIZE (H.). Le Bréviaire d'amour. Illustré par Lucius Rossi. Avec portrait de l'auteur, eau-forte originale de Waltner.

Paris, G. Petit, 1897, gr. in-4, mar. bleu, jans., chiffre mosaïqué sur les plats, doublé de mar. orange, compart. de mar. bleu et de roses mosaïquées, feuillages à petits fers, tête dor., non rogné, couverture (*Stroobants*).

Illustrations en couleurs.

Un des 40 exemplaires (n° 19) imprimés sur **papier du Japon**.

555. RICHEPIN (Jean). Les Débuts de César Borgia. *Paris, pour la Société des Bibliophiles contemporains,* 1890, gr. in-8, dos et coins mar. vert., fil., dos orné, tête dor., non rogné, couverture illust. (*Pierson*).

Illustrations de *Rochegrosse,* gravées à l'eau-forte par *Paul Avril, F. Courboin, Fornet* et *Manesse* ; elles sont en deux états : en couleurs dans le texte, et en noir en tirage hors texte.

556. RICHEPIN (Jean). Paysages et coins de rues ; illustrations en couleurs, dessinées et gravées sur bois par Auguste Lepère ; préface de Georges Vicaire. *Paris, Librairie de la Collection des Dix,* 1900, in-8, demi-rel. mar. marron, fil., dos orné et mosaïqué, tête dor., non rogné, couvert. illust. (*Pierson*).

Un des 25 exemplaires (n° 11) imprimés sur **papier du Japon** à la main, contenant **un tirage à part** de toutes les figures.

557. RICHEPIN (Jean). Les Litanies de la Mer. Aquarelles originales d'après Henri Caruchet. *Paris, Imprimé pour Albert Bélinac,* 1903, gr. in-8, mar. bleu, encad. de 5 fil., dos orné, encad. intérieur orné de chiffres, étoiles et ancre mosaïqués, tête dor., non rogné, couverture (*Champs-Stroobants*).

Tirage unique à 100 exemplaires de grand luxe sur Japon.

Un des 50 exemplaires (n° 30), contenant **un tirage à part** en noir de toutes les figures.

558. RICTUS (Jehan). Cantilènes du Malheur. Pointe sèche de Steinlen. *Paris, P. Sevin et E. Rey, s. d.,* in-8, cartonn. demi-mar. grenat, fil., dos orné, tête dor., non rogné, couverture illust. (*Pierson*).

Exemplaire imprimé sur **papier du Japon**, contenant la pointe sèche de *Steinlen* en double état.

559. RIVOIRE (André). Il était une Bergère, conte, en un acte, en

vers, représenté pour la première fois sur la scène du Théâtre-Français le 7 avril 1905. *Paris, Alphonse Lemerre,* 1905, in-12, mar. rouge, large dent. à petits fers, dos orné, dent. int., tête dor., non rogné, couverture (*Pierson*).

Édition originale.

Un des 15 exemplaires imprimés sur **papier de Hollande** ; il est orné sur le faux-titre et dans les marges de 12 **aquarelles originales** de **Grivaz.**

560. ROBIDA. Le XIXe siècle. Texte et dessins par A. Robida. *Paris, Georges Decaux,* 1888, gr. in-8, dos et coins mar. rouge, fil., dos orné et mosaïqué, tête dor., non rogné, couverture illust. (*Pierson*).

Exemplaire imprimé sur **papier du Japon** (n° 18).

561. ROBIDA (A.). Voyage de fiançailles au XXe siècle. Texte et dessins par A. Robida. *Paris, L. Conquet,* 1892, in-16, br. (*Couvert. illust.*).

Un des 200 exemplaires imprimés sur **papier de Chine**, offert par l'éditeur.

562. RODENBACH (Georges). Bruges-la-morte. Quarante-trois compositions originales d'après nature, dessinées et gravées sur bois par Henri Paillard. *Paris, L. Conquet, L. Carteret et Cie, succ.,* 1900, in-8, demi-rel. mar. bleu foncé, fil., dos orné, tête dor., non rogné, couverture illust. (*Pierson*).

Un des 50 exemplaires imprimés sur **papier de Chine**, contenant un **tirage à part**, sur Chine, de toutes les figures.

563. ROSTAND (Edmond). Cyrano de Bergerac, drame en cinq actes. Illustré par MM. Besnard, Flameng, Albert Laurens, Léandre, Adrien Moreau, Thévenot, gravé par Romagnol. *Paris, A. Magnier,* 1899, gr. in-8, mar. brun, comp. de fil., encadrement à petits fers, dos orné, dent. int., couverture illustrée (*Pierson*).

Un des 40 exemplaires (n° 31) imprimés sur **Japon vieux, contenant quatre états des bois**, dont 1 état **avant la retouche**, 1 état sur Japon pelure tiré à la main par le graveur, 1 état avant la lettre et l'état avec la lettre.

On y a joint une épreuve en chromolithographie des 5 figures hors texte.

564. ROSTAND (Edmond). Cyrano de Bergerac. Même édition,

gr. in-8. mar. bleu, jans., doublé de mar. citron, grand trophée formé de deux épées, d'une dague, de 3 fleurs de lis et de feuillage en maroq. de diverses couleurs, gardes en soie brochée, tr. dor., couvert. illust. (*René Kieffer*).

Un des 40 exemplaires imprimés sur **papier de Chine**, contenant trois états des bois.

On a joint une épreuve en chromolithographie des 5 figures hors texte.

565. ROSTAND (Edmond). Un Soir à Hernani, 26 février 1902. *Paris, Charpentier et Fasquelle*, 1902, in-8, br. (*Couvert.*).

Édition originale.

Un des 30 exemplaires (n° 8) imprimés sur **du papier Japon** ; celui-ci est orné de 16 **aquarelles originales** de **Jane Labrousse.**

566. ROUSSEAU (J.-J.). Les Confessions. Avec une préface par Marc-Monnier. Treize eaux-fortes par Ed. Hédouin. *Paris, Librairie des bibliophiles*, 1881, 4 vol. in-8, demi-rel. mar. orange, fil, dos orné, tête dor., non rognés (*Pierson*).

Un des 170 exemplaires imprimés sur **grand papier de Hollande.**

567. ROUSSEAU (J.-J.). La nouvelle Héloïse, avec une préface par J. Grand-Carteret. Dessins d'Edmond Hédouin, gravés par lui-même et par Toussaint, eaux-fortes de Lalauze, imprimées dans le texte. *Paris, Librairie des bibliophiles*, 1899, 6 vol. in-8, dos et coins mar. grenat. fil., dos orné, tête dor., non rognés, couvertures (*Champs*).

Un des 125 exemplaires imprimés sur **grand papier de Hollande.**

568. ROUSSEAU (J.-J.). Les Confessions. Nouvelle édition, illustrée de quatre-vingt-seize compositions par Maurice Leloir, gravées à l'eau-forte par les premiers artistes. Préface de Jules Claretie. *Librairie artistique. H. Launette et Cie*, 1899, 2 vol. in-4, mar. rouge, fil., bouquet de fleurs et chiffre mosaïqués sur les plats, dos orné et mosaïqué, dent. int., gardes étoffe brochée, tr. dor. (*Champs*).

Un des 48 exemplaires (n° 48) imprimés sur **papier du Japon**, contenant les figures en trois états dont l'**eau-forte pure.**

Celui-ci est enrichi d'une **importante aquarelle originale** de **Maurice Leloir** ; elle sert de doublure au premier plat de la reliure du tome premier.

569. SADI CARNOT. Les Volontaires de la Côte-d'Or, origines historiques, formations de 1789 et 1791, veillée des armes. *Paris, Hachette et Cie*, 1906, in-4, papier de Hollande, dos et coins mar. rouge, fil., dos orné, tête dor., non rogné, couverture illust. (*Champs-Stroobants*).

570. SAINT-PIERRE (B. de). Paul et Virginie, précédé d'une étude sur les origines de Paul et Virginie par S. Cambray. Eaux-fortes de Laguillermie. *Paris, Librairie des bibliophiles*, 1878, in-8, mar. bleu, fil., dos orné, dent. int., tr. dor. (*Champs*).

Un des 20 exemplaires imprimés sur papier Whatman, contenant les figures en deux états : avant et avec la lettre.

571. SAINT-PIERRE (Bernardin de). Paul et Virginie. Avec une introduction par Alexandre Piedagnel. Orné de 6 figures hors texte et de deux vignettes dessinées et gravées à l'eau-forte par Ad. Lalauze. *Paris, Isidore Liseux*, 1879, petit in-12, mar. citron, fil., dos orné, dent. int., tr. dor. (*Champs*).

Un des 15 exemplaires (n° 1) imprimés sur papier de Chine ; avec les figures en sept états sur Chine et sur Japon (en noir, bistre et sanguine).

572. SAINT-PIERRE (Bernardin de). Paul et Virginie. Illustrations de Maurice Leloir. *Paris, Librairie artistique, H. Launette et Cie*, 1887, 2 vol. in-4, dont un album mar. bleu, fil., chiffre mosaïqué sur les plats, dos orné, dent. int., doublé et gardes de moire La Vall., tête dor., non rogné, couvertures illustrées (*Allô*).

Tirage de grand luxe.

Un des 50 exemplaires (n° 26) imprimés sur papier du Japon contenant :

1° Les eaux-fortes en quatre états : dont l'eau-forte pure et une suite tirée sur satin blanc ;

2° Le tirage à part de tous les bois, sur Japon ;

3° Une aquarelle originale de Maurice Leloir sur le faux-titre.

573. SAINTE-BEUVE (C.-A.). Livre d'amour. Préface par Jules Troubat. *Paris, A. Durel*, 1904, gr. in-8, dos et coins mar. lilas, fil., dos orné et mosaïqué, tête dor., non rogné, couverture (*Pierson*).

Un des 50 exemplaires (n° 3) réimposés gr. in-8 sur papier du Japon à la forme.

574. SAINTE BIBLE (La) selon la Vulgate. Traduction nouvelle avec les dessins de Gustave Doré. *Tours, Alfred Mame et fils*, 1866, 2 vol. in-fol., mar. rouge, comp. de fil. à la Du Seuil, chiffre sur les plats, dos orné, doublé de moire verte, large dent. int., tr. dor.

Exemplaire de **premier tirage.**

575. SAINTINE (X.-B.). Picciola. Édition illustrée de cent vingt-cinq vignettes gravées sur bois par Porret, d'après les dessins de Mme L. Huet, et de MM. Tony Johannot, C. Nanteuil, Français, J. Gagniet. *Paris, Marchant*, 1843, in-8, chag. violet, orné de larges fil. à froid et de fil. dor., dent. int., tr. dor. (*Rel. de l'époque*).

Premier tirage.

576. SAMAIN (Albert). Le Chariot d'or. Compositions et gravures de Charles Chessa. *Paris, A. Ferroud*, 1907, petit in-4, broché (*Couvert.*).

Exemplaire imprimé sur **grand papier du Japon** (n° 68), contenant les figures en deux états dont une épreuve **avant la lettre,** avec remarque.

577. SAND (George). La Marquise. *Paris, Calmann Lévy*, 1888, pet. in-8, mar. brun, fil., dos orné, dent. int., tête dor., non rogné, couverture (*Pierson*).

Tirage à 225 exemplaires imprimés sur **papier vélin** pour la Librairie Conquet; ils sont ornés d'un portrait, de 3 figures et de 6 en-têtes et culs-de-lampe de *Baugnies*, gravés à l'eau-forte par *F. Courboin*.

Un des 30 exemplaires (n° 6), contenant les eaux-fortes en trois états dont **l'eau-forte pure**; il est orné sur le faux-titre d'une **aquarelle originale de Baugnies.**

578. SAND (George). Les beaux Messieurs de Bois-Doré. Illustrations d'Adrien Moreau, gravées sur bois par Brauer, Froment, Hamel, Rousseau, etc., etc. *Paris, Émile Testard*, 1892, 2 vol. gr. in-8, dos et coins mar. vert foncé, fil., dos orné, tête dor., non rog., couverture illust. (*Pierson*).

Un des 75 exemplaires (n° 40) imprimés sur **papier du Japon,** contenant le **tirage à part** de toutes les illustrations.

579. SAND (George). François le Champi. Couverture illustrée

et 31 compositions par A. Robaudi, gravées au burin et à l'eau-forte par Henri Manesse. *Paris, Librairie Conquet, L. Carteret et Cie*, 1905, gr. in-8, dos et coins mar. bleu, fil., dos orné, tête dor., non rogné, couvert. illustr. (*Pierson*).

Un des 50 exemplaires imprimés sur **papier du Japon**, contenant les figures en deux états : **avant toute lettre** et avant la lettre.

580. SAND (Maurice). L'Augusta, compositions de Georges Rochegrosse, gravées à l'eau-forte par Champollion. *Paris, H. Floury*, 1900, gr. in-8, dos et coins mar. grenat., fil., dos orné, tête dor., non rogné, couvert. illust. (*Pierson*).

Un des 100 exemplaires imprimés sur **papier du Japon**, contenant les figures en trois états dont **l'eau-forte pure**.

581. SANDEAU (Jules). Un Début dans la magistrature ; illustrations de Baugnies, gravées par Deville. *Paris, Calmann Lévy*, 1887, pet. in-8, mar. La Vall., fil., chiffre sur les plats, dos orné, dent. int., fil. tr. dor., couverture (*Champs*).

Tirage à 225 exemplaires, sur **papier vélin**, fait pour la Librairie Conquet ; ils sont ornés d'un portrait et de 12 vignettes gravés par *Deville* d'après *Baugnies*.

Un des 30 exemplaires (no 2) contenant les figures en trois états dont l'**eau-forte pure**.

582. SANTEUL (E.-P.-F. de), juge de paix à Reims. Saint-Louis, poème en douze chants et en vers. *A Rheims, chez l'auteur et à Paris*, 1825, in-8, mar. brun à longs grains, dent. à froid, encadrement de 8 fil. dorés, angles et dos ornés, dent. int., tr. dor (*Simier, rel. du Roi*).

Bel exemplaire aux armes de la **duchesse de Berry**.

583. SARDOU (Victorien) et NAJAC (Émile de). Divorçons. Comédie en trois actes. *Paris, Calmann Lévy*, 1883, in-8, mar. citron, encad. de 5 fil., dos orné, dent. int., tête dor., non rogné (*Louise Reymann-Cuzin*).

Un des 30 exemplaires imprimés sur **papier de Hollande** ; il est orné sur les marges de 72 **aquarelles originales** de **Morland**.

584. SCARRON. Le Roman comique, peint par J.-B. Pater et

J. Dumont le romain, réduit d'après les gravures au burin de Surugue père et fils, Benoit Audran, Edme Jeaurat, Lépicié, etc., etc., par M. Tiburce de Mare et accompagné de notices explicatives par M. Anatole de Montaiglon. *Paris, P. Rouquette,* 1883, pet. in-4, mar. bleu, encad. de 8 fil., angles ornés, dos orné, dent. int., tr. dor. (*Louise Reymann-Cuzin*).

Un des 150 exemplaires imprimés sur **papier du Japon**, contenant les figures en deux états.

585. SCHOLL. (Aurélien). Denise. Aquarelles de Grivaz, gravées par Arents. *Paris, Ed. Rouveyre et Blond,* 1884, in-8, mar. La Vall., tête dor., ébarbé, couvert. (*Rel. souple*).

586. SCHULZE (Ernst). La Rose enchantée, traduction de E. La Forgue. Compositions et eaux-fortes par Gaston Bussière. *Paris, Édition Boudet, Librairie Lahure, s. d.,* gr. in-8, mar. brun, encad. de 4 fil., ornés d'une guirlande de roses mosaïquées, dos orné et mosaïqué, dent. int., tête dor., ébarbé, couvert. illust. en couleurs (*Pierson*).

Un des 25 exemplaires (n° 13) imprimés sur **papier du Japon**, contenant une **triple suite** des compositions dont l'**eau-forte pure** et une **double suite** des encadrements.

587. **SCHULZE** (Ernst). Dessins originaux de Gaston Bussière pour la *Rose enchantée*, édition Boudet. En 2 vol. in-4, mar. vert, jans., dos orné d'une rose mosaïquée, encad. int. avec angles mosaïqués.

Importante et belle collection comprenant 67 **très belles aquarelles** et 66 **encadrements** dessinés à la plume. Tous ces dessins sont montés avec soin sur bristol et encadrés d'un large filet doré.

588. SCIAMA (André) [A. Semiane]. Paris en sonnets, illustré de vingt-neuf compositions par Henriot. *Paris, L. Conquet,* 1897, in-8, figures coloriées, mar. vert., comp. de fil., tête dor., non rogné, couverture illustrée (*Pierson*).

Édition tirée à 300 exemplaires, non mis dans le commerce.

589. SHAKESPEARE. Roméo et Juliette, tragédie. Traduction de Daffry de La Monnoye. Illustrations d'Andriolli. Gravures de Huyot. *Paris, Firmin-Didot, s. d.* (1886) gr. in-4, mar. gren.,

fil., chiffre mosaïqué sur les plats, dos orné, dent. int., gardes de moire fauve, tête dor., non rogné (*Allô*).

10 figures hors texte gravées sur bois.

Exemplaire imprimé sur **papier du Japon**, contenant les illustrations en deux états : sur Japon, avec la légende sur papier de soie et sur Chine, avant la lettre.

590. SILVESTRE (Armand). Chroniques du temps passé. Le Conte de l'archer. Aquarelles de A. Poirson, gravées par Gillot. Impression chromotypographique par A. Lahure. *Paris, Lahure, Rouveyre et Blond,* 1883, 2 vol. in-8, mar. vert, fil., chiffre mosaïqué sur les plats, dos orné, dent. int., tête dor., non rogné, couverture illustrée (*Allô*).

Un des 50 exemplaires (n° 1) imprimés sur **papier du Japon**, contenant un **tirage à part** du trait et un **tirage à part** des aquarelles, tous deux sur papier du Japon.

591. SILVESTRE (Armand). La Plante enchantée. Illustrée par A. Robida. *Paris, Librairie illustrée,* 1895, in-4, dos et coins mar. bleu, fil., dos orné, tête dor., non rogné, couverture illust. (*Pierson*).

Un des 50 exemplaires (n° 14) imprimés sur **papier du Japon**.

592. SIMON (Jules). Nouveaux Mémoires des autres ; illustrations de Léandre, gravées sur bois par Prunaire. *Paris, Émile Testard,* 1891, in-8, mar. brun, jans., dent. int., tête dor., non rogné, couvert. illust. (*Pierson*).

Un des 15 exemplaires (n° 6) imprimés sur **papier du Japon**.

593. SOULIÉ (Frédéric). Le Lion amoureux. Nouvelle édition, illustrée de 19 vignettes dessinées par Sahib et gravées au burin sur acier par Nargeot, avec notice historique et littéraire par Ludovic Halévy. *Paris, L. Conquet,* 1882, in-12, mar. bleu, jans., dent. int., tr. dor. (*Champs*).

Un des 150 exemplaires (n° 59) imprimés sur **papier du Japon blanc**.

594. **STAAL-DELAUNAY** (Madame de). Mémoires. Avec une préface par Mlle la baronne Double et quarante et une eaux-fortes par Ad. Lalauze. *Paris, Librairie des bibliophiles,* 1890, 2 vol. in-8, mar. vert, fil., dos orné, doublés de mar. rouge, large den-

telle à petits fers, gardes d'étoffe brochée, tr. dor., couverture (*Marius Michel*).

Un des 20 exemplaires (n° 16) imprimés sur **papier du Japon**, contenant les eaux-fortes hors texte en trois états, dont l'**eau-forte pure** et le **tirage à part** des vignettes du texte.

On y a ajouté 50 **dessins originaux** d'**Adolphe Lalauze**, projets pour l'illustration du livre, ils sont exécutés à l'encre de Chine et très terminés.

Joli livre.

595. STAAL-DELAUNAY (Mme de). Mémoires. Un portrait et trente compositions de C. Delort, gravés au burin et à l'eau-forte, par L. Boisson ; préface de R. Vallery-Radot. *Paris, Conquet*, 1891, in-8, dos et coins mar. bleu, tête dor., non rogné, couvert. illust. (*Pierson*).

Un des exemplaires (n° 17) imprimés sur **papier du Japon**, contenant les figures en trois états dont l'**eau-forte pure**.

596. STAR (Maria). Terre des Symboles. *Paris, Gazette des Beaux-Arts*, 1903, in-4, dos et coins mar. crème, fil., dos orné et mosaïqué, tête dor., non rogné, couverture illust. (*Pierson*).

Illustrations en couleurs de *R. Mainella*.

597. STEINLEN. Contes à Sara. Dessins de Steinlen, gravés sur bois par A. Desmoulins. *Paris, L. Carteret et Cie*, 1898, in-8, mar. La Vall., encad. de fil., dos orné, large dent. int., tête dor. non rogné, couverture (*Pierson*).

Tirage unique à 50 exemplaires sur papier de Chine.

598. STENDHAL. La Chartreuse de Parme. Réimpression textuelle de l'édition originale. Illustrée de 32 eaux-fortes par V. Foulquier. Préface de Francisque Sarcey. *Paris, L. Conquet*, 1883, 2 vol. gr. in-8, mar. vert, fil., compart. de 10 filets entrelacés, chiffre sur les plats, dent. int., gardes de moire maïs, tête dor., non rog. (*Allô*).

Un des 25 exemplaires (n° 22) imprimés sur **papier du Japon**, contenant les eaux-fortes en trois états, dont l'**eau-forte pure**.

599. STENDHAL. Le Rouge et le Noir. Réimpression textuelle de l'édition originale. Illustrée de 80 eaux-fortes par H. Dubouchet.

Préface de Léon Chapron. *Paris, L. Conquet*, 1884, 3 vol. in-8, mar. tête de nègre, encad. de 6 fil., dos orné, dent. int., tr. dor. (*Louise Reymann-Cuzin*).

Un des 25 exemplaires (n° 22) imprimés sur **papier du Japon**, contenant trois états des figures dont l'**eau-forte pure**.

600. **STENDHAL.** Le Rouge et le Noir, par M. de Stendhal (Henri Beyle). Réimpression textuelle de l'édition originale, illustrée de 80 eaux-fortes par H. Dubouchet. Préface de Léon Chapron. *Paris, L. Conquet*, 1884, 3 tomes en 6 vol. gr. in-8, mar. rouge, comp. de 5 fil., chiffre sur les plats, dos orné, dent. int., tête dor., non rognés (*Allô*).

Exemplaire unique imprimé sur **papier du Japon jaune**, pour M. le Cte Alfred Werlé, il contient :

1° Les **80 dessins originaux** de **H. Dubouchet**, plus un dessin inédit pour la page 128 du tome Ier ;

2° Les eaux-fortes de ces dessins en **quatre états** : **eaux-fortes pures**, **épreuves avant la signature du graveur**, épreuves avant et avec la lettre ;

3° 34 **dessins originaux** de **Noël Saunier**, premier projet de l'illustration de cette édition ; 28 eaux-fortes pures accompagnent ces dessins.

On y a ajouté 2 albums gr. in-4, même reliure que les 6 volumes de l'ouvrage. Ces albums renferment les **épreuves d'états** des 80 eaux-fortes composées et gravées par *Dubouchet*. Ces épreuves sont au nombre de 313.

601. STENDHAL. L'Abbesse de Castro. Avec illustrations de Eugène Courboin. *Paris, pour les sociétaires de l'Académie des beaux livres*, 1890, in-8, dos et coins mar. gris, fil., dos orné, tête dor., non rogné, couverture illust. (*Pierson*).

Édition imprimée à 160 exemplaires sur papier vélin.

602. STERNE (Laurence). Voyage sentimental en France et en Italie. Traduction nouvelle par Alfred Hédouin. Six eaux-fortes par Edmond Hédouin. *Paris, Librairie des bibliophiles*, 1875, pet. in-12, dos et coins de mar. gris, dos orné et mosaïqué, tête dor., non rogné (*Pierson*).

Exemplaire orné, sur le faux-titre et dans les marges, de 24 **aquarelles originales** de **E. Benassit.**

603. STERNE (L.). Voyage sentimental en France et en Italie. Traduction nouvelle et notice de M. Émile Blémont. Illustra-

tions de Maurice Leloir comprenant 220 dessins dans le texte et 12 grandes compositions hors texte. *Paris, Librairie artistique, H. Launette*, 1884, gr. in-4, mar. vert, encad. de 7 fil., angles ornés, chiffre mosaïqué sur les plats, dos orné, dent. int., gardes moire cerise, tête dor., non rogné, couverture illustrée (*Allô*).

Un des 100 exemplaires imprimés sur **papier Whatman**, contenant une double suite des photogravures avant la lettre, et une **aquarelle originale** de **Maurice Leloir** sur le faux-titre.

604. STRAPAROLE (J.-F.) (Les facétieuses nuits du seigneur) traduites par J. Louveau et P. de Larivey ; publiés avec une préface et des notes par G. Brunet. Quatorze dessins de J. Garnier, gravés à l'eau-forte par Champollion. *Paris, Librairie des bibliophiles*, 1882, 4 vol. in-8, demi-rel. mar. orange, fil., dos orné, tête dor., non rognés, couvert. illust. (*Pierson*).

Un des 170 exemplaires imprimés sur **grand papier de Hollande.**

605. SWIFT (Jonathan). Les quatre voyages du capitaine Lemuel Gulliver. Traduction de l'abbé Desfontaines, revue, complétée et précédée d'une notice par H. Reynald. Gravures à l'eau-forte par Lalauze. *Paris, Librairie des bibliophiles*, 1875, 2 vol. in-8, mar. brun, fil., dos orné, dent. int., tête dor., non rog. (*Champs*).

Un des 170 exemplaires imprimés sur **grand papier de Hollande.**

606. SWIFT (Jonathan). Voyages de Gulliver, Traduction nouvelle et complète par B.-H. Gausseron. *Paris, A. Quantin, s. d.*, gr. in-8, mar. brun, fil., chiffre sur les plats, dos orné, dent. int., tête dor., non rogné, couverture illust. (*Allô*).

Un des 100 exemplaires (n° 1) imprimés sur **papier du Japon.**
Illustrations de *Poirson*, en couleurs.

607. TACONET (Maurice). Par les sentiers, contes et souvenirs, 52 compositions de Ed. Rudaux et Ch. Léandre, gravées à l'eau-forte par A. Lamotte et Ed. Rudaux. *Paris, Rouquette*, 1894, petit in-8, dos et coins mar. violet, fil., dos orné, tête dor., non rogné, couverture (*Pierson*).

Un des 40 exemplaires (n° 29) imprimés sur **grand papier du Japon**, contenant un **tirage à part** de toutes les figures.

608. TAPHANEL (Achille). Le Théâtre de Saint-Cyr (1689-1792). Avec une eau-forte de Ch. Waltner. *Paris, J. Baudry,* 1876, in-8, mar. orange, fil., dos orné, dent. int., tête dor., non rog. (*Champs*).

Exemplaire imprimé sur **papier de Hollande.**

609. THARAUD (Jérôme et Jean). L'Ami de l'ordre, épisode de la Commune, avec quinze illustrations de Daniel Vierge, gravées par Eugène Froment. *Paris, Édouard Pelletan,* 1905, gr. in-8, dos et coins mar. rouge, fil., dos orné, tête dor., non rogné, couverture (*Pierson*).

Un des 205 exemplaires imprimés sur papier vélin à la cuve des Papeteries du Marais.

610. THÉOCRITE. Les Syracusaines, texte traduit du grec avec une traduction nouvelle et un avant-propos de M. André Bellessort. Seize compositions de Marcel Pille, gravées par E. Froment fils. *Paris, Édouard Pelletan,* 1900, in-4, mar. olive, grand compart. de 12 fil. et petits fers, dos orné, large dent. int., tête dor., non rogné, couvert. illust. (*Pierson*).

Un des 25 exemplaires (n° 8) imprimés sur **papier du Japon ancien,** contenant une **aquarelle originale** de **M. Pille** et une collection, sur Chine, **d'épreuves d'artistes,** signées.

611. THEURIET (André). Sous bois, impression d'un forestier. *Paris, G. Charpentier,* 1878, in-12, mar. vert très foncé, fil., dos orné, dent. int., tête dor., non rogné (*Pierson*).

Édition originale.
Un des 50 exemplaires imprimés sur **papier de Hollande** ; il est orné dans les marges et sur le faux-titre de 76 **aquarelles** ou **dessins originaux** de **Chabod.**

612. THEURIET (André). Sous bois. Nouvelle édition, illustrée de soixante-dix-huit compositions de H. Giacomelli gravées sur bois par Berveiller, Froment, Méaulle et Rouget. Préface de Jules Claretie. *Paris, L. Conquet-G. Charpentier,* 1883, in-8, mar. vert, encad. de 9 fil. et d'une large guirlande de feuillages à petits fers, chiffre mosaïqué sur les plats, dos orné de fleurs et feuil-

lages, dent. int., doublé et gardes de moire maïs, tête dor., non rogné, couverture illustrée (*Allô*).

Exemplaire (n° 22) imprimé sur **grand papier du Japon**, contenant un **tirage à part** de toutes les illustrations.

613. THEURIET (André). Bigarreau. Six compositions de M. le Comte de l'Aigle, gravées à l'eau-forte par H. Toussaint. *Paris,* 1885, pet. in-8, dos et coins mar. orange, fil., dos orné, tête dor., non rogné (*Couvert.*).

Édition, non mise dans le commerce, imprimée pour 50 souscripteurs sur papier vélin ; eaux-fortes en trois états dont **l'eau-forte pure**.

614. THEURIET (André). Les Œillets de Kerlaz. Édition originale, illustrée de 4 eaux-fortes de Rudaux, de huit en-têtes et culs-de-lampe de Giacomelli, gravés par T. de Mare. *Paris, L. Conquet,* 1885, in-16, mar. rouge, fil., couronne d'œillets sur les plats, dos orné, dent. int., tr. dor., couvert. illust. (*Louise Reymann-Cuzin*).

Exemplaire imprimé sur **papier du Japon**, offert par l'éditeur à **M.** le comte Werlé.

615. THEURIET (André). Nos Oiseaux. Aquarelles de Hector Giacomelli. *Paris, H. Launette et Cie,* 1886, in-fol., mar. vert, encad. de 5 fil., chiffre mosaïqué sur les plats, dos orné, doublé de mar. bleu, grand motif mosaïqué composé d'une branche de cerisier, d'un oiseau et d'un papillon, dent. int., gardes d'étoffe brochée tête dor., non rogné (*Allô*).

Un des 25 exemplaires (n° 3) imprimés sur **papier du Japon**, contenant un **tirage à part** en bistre sur Japon de toutes les aquarelles et **une aquarelle originale** de **Giacomelli** sur le faux-titre.

616. THEURIET (André). Le Secret de Gertrude. Illustré de soixante-quinze compositions par Émile Adan, eaux-fortes gravées par A. Boulard. *Paris, H. Launette et Cie,* 1890, gr. in-8, mar. bleu ciel, encad. de 5 fil., chiffre sur les plats, dos orné, dent. int., tête dor., non rogné, couverture illust. (*Champs*).

Un des 25 exemplaires (n° 7) imprimés sur **papier du Japon**, contenant le **tirage à part** de tous les bois et les douze planches gravées à l'eau-forte en trois états dont **l'eau-forte pure**.

617. THEURIET (André). Reine des bois. Illustré par H. Laurent-Desrousseaux. *Paris, Boussod, Valadon*, 1890, in-4, mar. olive, bouquet de fleurs mosaïquées au milieu des plats, encad. int. de 8 filets, chiffre aux angles, gardes de soie grenat, tr. dor., non rogné, couverture (*Marius Michel*).

Un des 10 exemplaires (n° 8) imprimés sur **papier Whatman**, contenant les illustrations imprimées en couleurs et une **aquarelle originale** de **Laurent-Desrousseaux.**

618. THEURIET (André). Fleurs de Cyclamens, illustrations de Ch. Coppier. *Paris, imprimé pour A. Girard*, 1899, grand in-8, mar. bleu, fil., grande gerbe de cyclamens mosaïquée jetée sur les plats et le dos, dent., int., tête dor., non rog. (*Couvert. illustrée*).

Édition tirée à 115 exemplaires imprimés sur papier vélin d'Arches, contenant, pour une planche, le tirage des différentes couleurs.

619. THEURIET (André). Claudette, contes et propos rustiques. *Paris, Alphonse Lemerre*, 1900, in-12, dos et coins mar. rouge à longs grains, fil., dos plat orné, tête dor., non rogné, couverture (*Champs et Stroobants*).

Édition originale.
Un des 10 exemplaires imprimés sur **papier de Hollande** ; il est orné, dans les marges, de 54 **aquarelles originales** de **Jane Labrousse.**

620. THIERRY (Augustin). Sept Récits des Temps mérovingiens. Avec 42 dessins de J.-P. Laurens, reproduits par les procédés de M. Goupil et Cie. *Paris, Hachette et Cie*, 1881-1887, 7 fascicules en 1 vol. gr. in-fol., dos et coins mar. gren., fil., dos orné, tête dor., non rogné.

Un des 30 exemplaires (n° 6) imprimés sur **papier du Japon.**

621. THOUMAS (Général). Exposition rétrospective militaire du ministère de la Guerre en 1889. Ouvrage contenant plus de 400 reproductions par la photogravure. *Librairie artistique, H. Launette et Cie, G. Boudet succr*, 1890, 2 vol. in-4, mar. rouge, encad. de 5 fil., dos orné et mosaïqué, dent. int., tête dor., non rogné (*Champs*).

Tirage de grand luxe. Un des 15 exemplaires (n° 2) imprimés sur **papier du Japon**, contenant une double suite, tirée à part, de toutes les planches en photogravure.

622. THOUMAS (Général). Autour du drapeau, 1789-1889. Campagnes de l'armée française depuis cent ans. Deux cents illustrations par L. Sergent. *Paris, A. Le Vasseur et Cie, s. d.* (1889), in-4, mar. rouge, jans., dent. int., tête dor., non rogné (*Pierson*).

Un des 60 exemplaires (n° 40) imprimés sur **papier du Japon.**

Celui-ci est orné de **2 dessins originaux** à la plume de **L. Sergent.**

623. TILLIER (Claude). Mon Oncle Benjamin. Nouvelle édition, illustrée d'un portrait-frontispice et de 42 dessins de Sahib, gravés sur bois par Prunaire. Avec une préface par Monselet. *Paris, L. Conquet,* 1881, 2 vol. in-8, mar. La Vall., compart. de fil. droits et courbes, milieu orné à petits fers, chiffre mosaïqué dans un médaillon de mar. citron, dos orné et mosaïqué, doublé et gardes de moire gren., dent. int., tête dor., non rogné, couverture illust. (*Allô*).

Un des 50 exemplaires imprimés sur **papier du Japon** blanc, contenant **un tirage à part,** en bistre, de tous les bois.

624. TILLIER (Claude). Mon Oncle Benjamin. Nouvelle édition illustrée d'un portrait-frontispice et de 42 dessins de Sahib, gravés sur bois par Prunaire. Avec une préface par Monselet. *Paris, L. Conquet,* 1881, 2 vol. in-8, mar. vert très foncé, fil., compart. de 6 filets entrelacés, dos orné, large dent. int., tr. dor., couverture illust. (*Louise Reymann-Cuzin*).

Un des 25 exemplaires imprimés sur **papier de Chine fort.**

625. TINSEAU (Léon de). Ma cousine Pot-au-feu. Quarante-six compositions de Paul Destez. *Paris, Calmann Lévy,* 1893, gr. in-8, dos et coins mar. bleu, fil., dos orné, tête dor., non rog., couvert. (*Pierson*).

Un des 25 exemplaires (n° 4) imprimés sur **papier du Japon.**

626. **TISSOT.** La Vie de Notre-Seigneur Jésus-Christ. Trois cent soixante-cinq compositions d'après les quatre Évangiles, avec des notes et des dessins explicatifs par J.-James Tissot. *Tours, A. Mame et Fils,* 1896-1897, 4 vol. gr. in-4, mar. noir jans.,

chiffre mosaïqué sur les plats (les deux premiers volumes sont doublés de mar. bleu, orné d'un très grand encadrement de filets droits et courbes, remplis de feuilles de laurier mosaïquées) et de 4 médaillons de mar. noir, trois sont ornés d'épis dorés et le quatrième du chiffre du Christ mosaïqué, gardes de moire bleue, tête dor., non rognés, couvertures (*Champs*).

Un des 20 exemplaires (n° 10) imprimés sur **papier du Japon**, contenant un **tirage à part en taille douce** de toutes les compositions en couleurs du texte, une **quadruple suite** des planches hors texte et une **aquarelle originale** de **Tissot** (cette aquarelle est encadrée dans le plat intérieur de la doublure du premier volume). La reliure des deux derniers volumes, qui renferment le tirage à part des vignettes du texte, n'est pas doublée de maroquin.

627. **TISSOT.** La Sainte Bible (Ancien Testament). Quatre cents compositions par J.-James Tissot. *Paris, M. de Brunoff et Cie*, 1904, 4 vol. gr. in-4, mar. gren., jans., chiffre mosaïqué sur les plats; les deux premiers vol. sont doublés de mar. rouge, ornés d'un très grand encad. de fil. droits et courbes remplis de feuilles de vigne, de raisins mosaïqués et de grands épis dorés; gardes de moire rouge, tr. dor. sur témoins, couvertures (*Champs-Stroobants*).

Un des 20 exemplaires (n° 4) imprimés sur **papier du Japon**, contenant : un **premier état** en héliogravure de tous les hors texte, **avant la lettre** ; un deuxième état avec **rehauts de couleur** et à la main de tous les hors texte avant la lettre ; un troisième état avec lettre de tous les hors texte terminés en couleur, le tout sur papier du Japon ; une épreuve de toutes les compositions, hors texte et du texte, tirée spécialement avant lettre sur papier Japon.

Cet exemplaire contient deux **aquarelles originales** de **J.-J. Tissot** qui sont encadrées dans la doublure des deux premiers volumes.

La reliure des deux derniers volumes n'est pas doublée de maroquin.

628. TOPFFER (R.). Voyages en zigzag, ou excursions d'un pensionnat en vacances dans les cantons suisses et sur le revers italien des Alpes. Illustrés d'après les dessins de l'auteur et ornés de 15 grands dessins par M. Calame. *Paris, J.-J. Dubochet et compagnie*, 1844, gr. in-8, toile bleue avec plaque dor., tr. dor. (*Cartonn. des éditeurs*).

Premier tirage.

629. TOUDOUZE (Gustave). La Vengeance des peaux-de-bique. Illustrations de J. Le Blant. *Paris, Hachette et Cie*, 1896, gr. in-8, demi-rel. mar. La Vall., tête dor., non rogné, couverture illust. (*Pierson*).

Un des 50 exemplaires imprimés sur **papier de Chine** pour la Librairie Conquet, contenant **un tirage à part** de toutes les gravures.

630. TOUDOUZE (Gustave). Le Roy Soleil. *Paris, Furne, Combet et Cie*, 1904, gr. in-4, demi-rel. mar. rouge, fil., dos orné, tête dor., non rogné, couverture illust. (*Pierson*).

Un des 50 exemplaires (n°7) imprimés **sur papier du Japon**; illustrations en couleurs de *Maurice Leloir*.

631. TOUSSAINT (François-Vincent). Anecdotes curieuses de la Cour de France sous le règne de Louis XV. Texte original par Paul Fould. Ouvrage accompagné de trente-deux héliogravures. *Paris, Plon-Nourrit et Cie*, 1905, 1 tome en 2 vol. in-4, dos et coins mar. bleu, fil., dos orné, tête dor., non rogné, couverture (*Champs-Stroobants*).

Papier vélin.
Le second volume renferme les *Pièces justificatives*.

632. TRIAIRE (Paul). Napoléon et Larrey, récits inédits de la Révolution et de l'Empire. D'après les mémoires, les correspondances officielles et privées, etc., de Dominique Larrey (1768-1842). Ouvrage orné de 16 gravures. *Tours, Alfred Mame et fils*, 1902, in-4, dos et coins mar. bleu, fil., dos orné, tête dor., non rogné, couverture (*Champs-Stroobants*).

Un des 16 exemplaires (n° 7) imprimés sur **papier du Japon**.

633. TRIPAULT (Emmanuel). Les Anagrammes des noms et surnoms des damoiselles et dames d'Orléans. *Orléans, H. Herluison*, 1867, pet. in-8, mar. bleu, 3 fil., dos orné, dent. int., tr. dor. (*Belz-Niedrée*).

Un des 4 exemplaires imprimés sur **peau de vélin**.

634. TROIS COMÉDIES DE L'AMOUR (Les). *Paris, Ferroud*, 1905, 3 vol. gr. in-8, dos et coins mar. vert, grenat ou bleu, tête dor., non rog., couvert. (*Pierson*).

Marivaux. Le Jeu de l'Amour et du hasard. Comédie en trois actes. Illustrations de Maurice Leloir, gravées à l'eau-forte par E. Pennequin. — **Molière.** L'Amour médecin, comédie-ballet en trois actes. Illustrations de L.-Éd. Fournier, gravées à l'eau-forte par G. Pennequin. — **Musset (A. de).** On ne badine pas avec l'amour, comédie en trois actes. Illustrations d'Adrien Moreau, gravées à l'eau-forte par E. Pennequin.

Un des 25 exemplaires imprimés sur **papier du Japon,** contenant les eaux-fortes en trois états dont l'eau-forte **pure** et un **dessin** ou **aquarelle** de l'illustrateur.

635. UCHARD (Mario). Mon oncle Barbassou. Orné de 40 compositions gravées à l'eau-forte par Paul Avril. *Paris, J. Lemonnyer,* 1884, in-8, mar. La Vall, encadrem. de 11 fil. brisés aux angles, chiffre sur les plats, dos orné, dent. int., tête dor., non rog. (*Allô*).

Un des 125 exemplaires imprimés sur **papier du Japon,** contenant le **tirage à part** des eaux-fortes.

636. UN SIÈCLE. Mouvement du Monde de 1800-1900. *Paris, Goupil et Cie,* 1900, 3 vol. in-4, demi-rel. mar. rouge, dos orné, tête dor., non rogné, couverture (*Pierson*).

Un des 20 exemplaires (n° 12) imprimés sur **papier du Japon,** contenant une suite des planches hors texte tirées en bistre.

637. UZANNE (Octave). Le Calendrier de Vénus. *Paris, Édouard Rouveyre,* 1880, pet. in-8, front., mar. citron, fil., dos orné, dent. int., tête dor., non rogné, couverture illust. (*Pierson*).

638. UZANNE (Octave). Anecdotes sur la comtesse du Barry, publiées par Octave Uzanne, avec préface et index. *Paris, A. Quantin,* 1880, gr. in-8, frontispice par Lalauze, cartonn. souple en mar. vert clair, tête dor., non rog. (*Pierson*).

Un des 50 exemplaires (n° 45) imprimés sur **papier de Chine,** contenant le frontispice en deux états.

639. UZANNE (Octave). L'Eventail. — L'Ombrelle, le gant, le manchon. Illustrations de Paul Avril. *Paris, Quantin,* 1882-1883. Ens. 2 vol. in-8, dos et coins mar. orange, tête dor., non rognés, couverture illust. (*Pierson*).

Un des 100 exemplaires (n° 1) imprimés sur **papier du Japon.**

640. UZANNE (Octave). Les Mœurs secrètes du XVIIIe siècle, publiées par Octave Uzanne, avec préface, notes et index. *Paris,*

A. Quantin, 1883, gr. in-8, mar. rouge, fil., chiffre sur les plats, dos orné, dent. int., tête dor., ébarbé, couverture (*Allô*).

Un des 50 exemplaires (n° 46) imprimés sur **papier de Chine**, contenant le frontispice en deux états : en sanguine **avant** la lettre et en noir avec la lettre.

641. UZANNE (Octave). Son Altesse la Femme. Illustrations de Henri Gervex, J.-A. Gonzalès, Albert Lynch, Adrien Moreau et Félicien Rops. *Paris, A. Quantin*, 1885, gr. in-8, mar. vert clair, encad. de 9 fil., chiffre mosaïqué sur les plats, dos orné et mosaïqué, dent. int., tête dor., non rogné, couverture illust. (*Allô*).

Un des 100 exemplaires (n° 1) imprimés sur **papier du Japon**, contenant une **suite hors texte** des vignettes gravées à l'eau-forte.

642. UZANNE (Octave). La Française du Siècle. Modes. Mœurs. Usages. Illustrations à l'aquarelle de Albert Lynch, gravées à l'eau-forte en couleurs par Eugène Gaujean. *Paris, Quantin*, 1886, gr. in-8, mar. bleu, fil., chiff. mosaïqué sur les plats, dos orné et mosaïqué, large dent., int., tête dor., non rogné, couvert. illust. (*Allô*).

Un des 100 exemplaires (n° 1) imprimés sur **papier du Japon**, contenant les figures en deux états : **avant** et avec la lettre.

643. UZANNE (Octave). Le Miroir du monde, notes et sensations de la vie pittoresque. Illustrations en couleurs d'après Paul Avril. *Paris, Quantin*, 1888, in-4, mar. tête de nègre, fil., chiffre sur les plats, dos orné et mosaïqué, doublé avec l'emboîtage, en cuir japonais, du livre, dent. int., gardes d'étoffe brochée, tr. dor., couverture illust. (*Champs*).

Un des 100 exemplaires (n° 2) imprimés sur **grand papier du Japon**.

644. UZANNE (Octave). Le Paroissien du Célibataire ; observations physiologiques et morales sur l'état du célibat. Illustrations d'Albert Lynch, gravées à l'eau-forte par E. Gaujean. *Paris, Quantin*, 1890, in-8. mar. La Vall., fil., dos orné, dent. int., tête dor., non rogné, couvert. (*Pierson*).

Un des 50 exemplaires (n° 1) imprimés sur **papier du Japon**, contenant les figures en cinq états et le portrait en six états.

645. UZANNE (Octave). Le Paroissien du célibataire. Même édi-

tion, in-8, demi-rel. mar. vert., fil., dos plat orné, tête dor., non rogné, couverture (*Pierson*).

Un des 25 exemplaires (n° 83) imprimés sur papier de Chine.

646. UZANNE (Octave). La Femme et la Mode, métamorphoses de la parisienne de 1792 à 1892, tableau des mœurs et usages aux principales époques de notre ère républicaine. Édition illustrée de plus de 160 dessins inédits par A. Lynch et E. Mas, frontispice en couleurs de Félicien Rops. *Paris, Quantin*, 1892, gr. in-8, dos et coins mar. crème, fil., dos orné, tête dor., non rogné, couvert. illust. (*Pierson*).

Un des 25 exemplaires (n° 12) imprimés sur papier du Japon, contenant le frontispice en deux états : en couleurs et en bistre.

647. UZANNE (Octave). Voyage autour de sa Chambre. Illustrations de Henri Caruchet, gravées à l'eau-forte par Frédéric Massé, relevées d'aquarelles à la main. *Paris, imprimé pour les bibliophiles indépendants, Henry Floury*, 1896, pet. in-4, mar. lilas, orné sur le premier plat d'un grand encad. de mar. noir, de fleurs ornementales mosaïquées de mar. jaune, vert, blanc, gris, etc. et sur le second plat d'un encad. et d'une branche de fleurs également mosaïqués, dos orné et mosaïqué, encad. int. dor. et mosaïqué, gardes d'étoffe, tr. dor., couvert. illust. (*Ch. Meunier*).

Édition tirée à 210 exemplaires de souscripteurs, imprimés sur papier vélin de Hollande, et contenant un tirage à part, en noir, de toutes les figures.

Cet exemplaire est le seul qui ait été enluminé par le dessinateur ainsi que le constate une lettre de ce dernier, reliée en tête du volume.

Grande aquarelle originale d'Henri Caruchet exécutée hors texte, sur Japon.

648. UZANNE (Octave). L'École des faunes. Contes de la vingtième année ; Bric à Brac de l'Amour ; calendrier de Vénus ; Surprises du Cœur. Décorations en camaieu par Eugène Courboin, frontispice de D. Vierge, interprété à l'eau-forte par F. Massé. *Paris, H. Floury*, 1896, gr. in-8, demi-rel. mar. brun, tête de nègre, tête dor., couverture (*Pierson*).

649. UZANNE (Octave). Les Modes de Paris, variations du goût et de l'esthétique de la femme, 1797-1897. Illustrations originales de François Courboin dans le texte et hors texte d'après des documents inédits. *Paris, L. Henry May*, 1898, in-8, demi-rel. mar. La Vall., dos orné, tête dor., non rog., couverture illust. (*Pierson*).

Un des 90 exemplaires (n° 56) imprimés sur **papier impérial du Japon**; avec **double suite** des 100 planches hors texte, avant le coloris.

650. UZANNE (Octave). La Cagoule. Visions de notre heure. Choses et gens qui passent. Notations d'art, de littérature et de vie pittoresque. *Paris, Henry Floury*, 1899, in-8, frontispice de Robertson, couvert. par Dillon, cartonn. toile brune, tête dor., non rogné (*Couvert. illustrée*).

Un des 10 exemplaires (n° 10) imprimés sur **papier du Japon**.

651. VACQUERIE (Auguste). Tragaldabas. Édition illustrée de 54 compositions de Édouard Zier, gravées par F. Méaulle. *Paris, Georges Chamerot*, 1886, in-4, mar. rouge, fil., chiffre sur les plats, dos orné, tête dor., ébarbé (*Allô*).

Un des 75 exemplaires imprimés sur **papier du Japon**. Exemplaire n° 10 au nom de M. le Cte A. Werlé.

652. VASILI (comte P.). La sainte Russie. La Cour, l'armée, le clergé, la bourgeoisie et le peuple. Ouvrage contenant 4 chromolithographies et plus de 200 gravures d'après les dessins d'Aviano, Bord, Chauvet, Dunki, Gaillard, Jouant, Lacker, Loevy, Martin, Montader, Roguet, Vallet et Waret. *Paris, Firmin Didot et Cie*, 1890, gr. in-8, dos et coins mar. bleu, fil., dos orné, tête dor., non rogné (*Champs*).

Un des 75 exemplaires (n° 54) imprimés sur **papier du Japon**.

653. VAUCAIRE (Maurice). Vingt masques. Dessins de Louis Morin. *Paris, A. Rouquette, s. d.*, pet. in-8, figures coloriées, mar. La Vall., fil., dos orné, large dent. int., tête dor., non rogné, couverture illust. (*Pierson*).

Tirage unique à 100 exemplaires (n° 62) imprimés sur **papier du Japon** avec un **tirage à part**, en noir, sur papier de Chine, de toutes les figures.

10

654. VERLAINE (Paul). Fêtes galantes. Ornées de 69 dessins par A. Gérardin, gravés sur bois par les Membres de la Société. *Paris, Société artistique du livre illustré,* 1899, gr. in-8, dos et coins mar. vert olive, fil., dos orné et mosaïqué, tête dor., non rog., couverture (*Pierson*).

Un des 75 exemplaires (n° 62) imprimés sur **papier de Chine.**

655. VERNET et LAMI. Collection des uniformes des armées françaises de 1791-1814 et 1814-1824. Dessinés par H. Vernet et Eug. Lami. *Paris, Gide fils,* 1822-1825, 2 vol. gr. in-8, carton., demi-bas. rouge.

148 lithographies coloriées. La première partie a les tranches ébarbées, et la seconde les a dorées.

656. VERVILLE (Béroalde de). Le Moyen de parvenir. Œuvre contenant la raison de ce qui a esté, est et sera, avec démonstrations certaines selon la rencontre des effects de vertu. Nouvelle édition, collationnée sur les textes anciens, avec notes, variantes, index, glossaire et notice bibliographique par un bibliophile campagnard. *Paris, Léon Willem,* 1870-1872, 2 vol. pet. in-8, mar. grenat, large dent. à petits fers, dos orné, dent. int., tête dor. non rogné (*Tinot*).

Exemplaire imprimé sur **papier de Chine.**

657. VICAIRE (Gabriel). Rosette en Paradis. Quinze eaux-fortes en couleurs par Louis Morin. *Paris, gravé et imprimé pour les Amis des livres,* 1904, in-8, mar. bleu ciel, semé d'étoiles d'or, doublé de mar. bleu foncé, semé de roses mosaïquées, gardes d'étoffe brochée, tr. dor., couvert. illust. (*Carayon*).

Tirage unique à 115 exemplaires (n° 75) sur papier vélin.

Exemplaire enrichi de 6 charmantes **aquarelles originales** de **E. Grivaz,** de la grandeur des pages du volume, exécutées sur feuillets séparés, reliés à la fin du volume.

658. VIDAL (Antoine). La Chapelle St-Julien-des Ménestriers et les ménestrels à Paris. Six planches gravées à l'eau-forte par Frédéric Hillemacher. *Paris, A. Quantin,* 1878, in-4, mar.

rouge, gr. encadr. de filets et de fers 16e siècle, le tout à froid, chiffre sur les plats, dos orné, dent. int., tête dor., non rogné (*Champs*).

Exemplaire unique imprimé sur peau de vélin pour M. le Cte Alfred Werlé; il contient les eaux-fortes en trois états: sur parchemin, sur Japon et sur Hollande.

659. VIEILLE GARDE IMPÉRIALE (La) (par Maurice Barrès, François Coppée, Henry Houssaye, Henri d'Almérias, Henri Guerlin, Jules Mazé, Jean de Mitty). Illustrations de Job. *Tours, Alfred Mame et fils, s. d.* (1902), in-4, fig. en noir et en couleurs, mar. vert, encad. de 7 fil., chiffre mosaïqué sur les plats, dos orné, encad. int. de 5 fil., tr. dor., couverture (*Champs*).

Un des 25 exemplaires (no 8) imprimés sur papier du Japon.

660. VIEILLE GARDE IMPÉRIALE (la). Suite complète des 57 dessins originaux de *La vieille garde Impériale*, édition publiée à Tours, par Mame, 1902, in-4.

Belle collection des **dessins originaux** de **Job**, exécutés à l'encre de Chine avec rehauts de gouache.

Ces dessins sont sensiblement plus grands que les gravures, les plus importants mesurent 0m,32 de haut sur 0m,25 de large; ils sont soigneusement mis sous passe-partout de format in-fol.

661. VIGNY (Alfred de). Servitude et grandeur militaires. Dessins de H. Dupray, gravés à l'eau-forte par Daniel Mordant. *Paris, imprimé pour les Amis des livres, par A. Lahure,* 1885, gr. in-8, mar. bleu, fil., et chiffre sur les plats, dos orné, gardes en moire, large dent. int., tête dor., ébarbé (*Allô*).

Édition tirée à 121 exemplaires sur papier du Japon, contenant les figures en trois états dont l'eau-forte pure. — On y a ajouté 2 portraits d'Alfred de Vigny: celui gravé par *Champollion*, et celui gravé par *Henri Seligmann*, ép. sur Japon avant la lettre.

662. VIGNY (Alfred de). Servitude et grandeur militaires. Dessins de Julien Le Blant, gravés à l'eau-forte par Champollion. *Paris, Librairie des bibliophiles,* 1885, in-8 mar. grenat, comp. de 4 fil., angles ornés, dos orné, doublé mar. gren., encad. de

8 filets int., chiffre sur les plats, gardes de moire, tête dor., non rogné, couverture (*Marius Michel*).

Un des 100 exemplaires imprimés sur **grand papier vélin de Hollande**, contenant deux portraits différents gravés par *Champollion*.

Cet exemplaire est enrichi sur les faux-titres et dans les marges de 37 importantes **aquarelles originales** de **A. Bligny.**

663. VIGNY (Alfred de). Servitude et Grandeur militaires. Compositions de Albert Dawant. Eaux-fortes de Louis Muller. Compositions de Jean-Paul Laurens. Eaux-fortes de Champollion et Decisy. *Paris, Armand Magnier,* 1898, 2 vol. gr. in-8, brochés et 2 albums (*Couvertures illustrées*).

Un des 12 exemplaires (n° 11) imprimés sur **papier du Japon,** contenant les figures hors texte en **quatre états** et les vignettes du texte en trois dont l'**eau-forte pure.**

664. VIGNY (Cte Alfred de). Cinq-Mars, ou une conjuration sous Louis XIII. *Paris, Quantin,* 1889, 2 vol. in-8, tirés in-4, mar. brun, encad. de 5 fil., chiffre sur les plats, dos orné, dent. int., tête dor., non rog., couverture illust. (*Champs*).

Un des 50 exemplaires (n° 1) imprimés sur **papier du Japon**, contenant les eaux-fortes de *Gaujean* d'après *A. Dawant* en trois états, dont l'**eau-forte pure.**

665. VIGNY (Alfred de). Les Destinées, précédées de Moïse. 46 illustrations de G. Bellenger, gravées par Froment. *Paris, Édouard Pelletan,* 1898, in-8, mar. violet, janséniste, encad. int. de 6 fil., tête dor., non rogné, couverture (*Pierson*).

Un des 15 exemplaires (n° 35) de format in-8, imprimés sur **papier du Japon,** contenant un **tirage à part** de toutes les figures sur Chine.

666. VIGNY (Alfred de). Stello. Avec une introduction de Jules Case. *Paris, Société artistique du livre illustré,* 1901, in-4, dos et coins mar. lilas, fil., dos orné, tête dor., non rogné (*Pierson*).

Un des 130 exemplaires imprimés sur **papier de Chine.** Édition illustrée de 65 compositions de *Georges Scott,* gravées sur bois par *Eugène Dété* et de 41 lettres originales ornées, gravées sur bois par *Eugène Dété.*

667. VILLARD (Th.). Les Fleurs à travers les âges et à la fin du XIXe siècle. Ouvrage honoré du prix Joubert de l'Hyberderie par la Société nationale d'horticulture de France. Reproductions

d'aquarelles de Madeleine Lemaire. Notes horticoles et botaniques résumées avec le concours de M. Maxime Cornu et de M. A. Chargueraud. Préface de Jean Aicard. *Paris, Armand Magnier,* 1900, in-4, mar. vert foncé, encad. de 5 fil., branche d'hortensia blanc mosaïquée, tr. dor., couverture illust. (*René Kieffer*).

Un des 100 exemplaires (n° 82) imprimés sur **papier du Japon**, contenant une double suite des illustrations et **une aquarelle originale** de Mme **Madeleine Lemaire.**

668. VILLIERS DE L'ISLE-ADAM. Histoires souveraines. *Bruxelles, Edm. Deman,* 1899, pet. in-4, ornements typographiques en couleurs, demi-rel. mar. vert clair, fil., dos orné, tête dor., non rogné, couverture (*Pierson*).

Un des 50 exemplaires (n° 41) imprimés sur **papier du Japon.**

669. VILLIERS DE L'ISLE-ADAM. L'Annonciateur. Dix compositions de Louis Ed. Fournier, gravées à l'eau-forte par X. Lesueur. *Paris, F. Ferroud,* 1905, in-16, cartonn. dos et coins mar. vert, fil., dos orné, tête dor., non rogné, couverture (*Pierson*).

Exemplaire (n° 32) imprimé sur **papier du Japon,** contenant les eaux-fortes en trois états, dont l'**eau-forte pure.**

670. VILLIERS DE L'ISLE-ADAM. Akëdysséril. *Paris, Louis Conard,* 1906, très gr. in-8, mar. orange, grand motif oriental sur les plats, dent. int., tête dor., non rogné, couverture (*Pierson*).

Édition tirée à 190 exemplaires; elle est ornée de 15 aquarelles de *G. Rochegrosse,* gravées en couleurs par *Louis Mortier.*

Un des 15 exemplaires (n° 37) imprimés sur **Japon ancien,** contenant un état d'une des compositions de l'artiste avec les corrections de Rochegrosse.

671. VILLIERS DE L'ISLE-ADAM. Akëdysséril. *Paris, Louis Conard,* 1906, très gr. in-8°, br. (*Couvert.*).

Un des 150 exemplaires imprimés sur papier vélin teinté.

672. VILLON (François). Les Ballades. Soixante-dix illustrations de Gérardin, gravées par Julien Tinayre. *Paris, Édouard Pelletan,* 1896, gr. in-8, mar. grenat, comp. de 4 fil. dorés et d'un large

filet à froid, dos et angles ornés, dent. int., tête dor., non rogné, couvert. (*Champs*).

Un des 25 exemplaires imprimés sur **papier du Japon**, contenant le tirage à part sur Chine et sur Japon de toutes les figures.

673. VILLON (François). Œuvres. Texte revisé et préface par Jules de Marthold. Illustrations de A. Robida. *Paris, Conquet*, 1897, in-8, mar. grenat, compart. de 4 fil. dorés et d'un large filet à froid, dos orné, tête dor., non rogné, couvert. illust. (*Champs*).

Un des 30 exemplaires (n° 20) imprimés sur **papier de Chine** avec une suite des **tirages à part** du trait et une **suite coloriée**.

Aquarelle originale de **Robida** sur le faux-titre.

674. VOGUÉ (Vicomte Eugène-Melchior de). Histoires d'hiver. *Paris, Calmann Lévy*, 1885, in-16, mar. tête de nègre, fil., dos orné, dent. int., tête dor., non rogné, couverture (*Pierson*).

Un des 20 exemplaires imprimés sur **papier du Japon** ; il est orné dans les marges de 21 jolies petites **aquarelles originales de Sta.**

675. VOGUÉ (Vicomte Eugène-Melchior de). Histoires d'hiver. *Paris, Calmann Lévy*, 1885, pet. in-8, mar. bleu, encad. de 12 fil., angles ornés, dos orné, dent. int., tr. dor., couverture (*Marius Michel*).

Tirage à 225 exemplaires imprimés pour la Librairie Conquet sur **papier vélin** à la cuve des fabriques du Marais, avec illustrations de *Martin* et de *Sta*.

Cet exemplaire renferme :

1° Les figures en trois états, dont **l'eau-forte pure** ;

2° **Une petite aquarelle originale** de **Sta** sur le faux-titre ;

3° Les 11 **dessins originaux** du livre, par **Martin** et **Sta** ;

4° 17 **dessins** de **Martin** et **Sta**, projets de l'illustration du livre.

Ces dessins sont exécutés, ceux de Martin, à la plume et à l'encre de Chine et ceux de Sta à la sépia.

676. VOGUÉ (Vte E.-M. de). Le Manteau de Joseph Olénine. Portrait gravé par A. Lamotte. *Paris, L. Conquet*, 1889, in-16, dos et coins mar. bleu, fil., dos orné, tête dor., non rogné, couverture (*Pierson*).

Un des 100 exemplaires imprimés sur **papier du Japon**, contenant le portrait en deux états. Il est orné dans les marges et sur les faux-titres de 8 **aquarelles originales de Sta.**

677. VIRGILE. Les Églogues de Virgile. Préface par E. Gebhart. Texte établi par H. Goelzer. Avec les illustrations d'Adolphe Giraldon gravées sur bois en couleurs par Florian. *Paris, Plon, Nourrit et Cie, s. d.* (1907), in-4, en feuilles dans un carton.

Un des 20 exemplaires (n° 16) imprimés sur **papier à la forme** des usines d'Arches avec **un tirage à part** de toutes les gravures sur Japon mince des manufactures impériales.

678. VOLTAIRE. Zadig, ou la Destinée, histoire orientale. *Paris, imprimé pour les Amis des livres,* 1893, gr. in-8, mar. marron, grand encad. de fil. et fleurs mosaïquées, dos orné et mosaïqué, dent. int., tête dor., non rogné, couverture (*Pierson*).

Édition tirée à 115 exemplaires, ornée de figures en couleurs gravées par *Gaujean* d'après les dessins de *Félicien Rops, J. Garnier* et *A. Robaudi.*
Chacune des planches est accompagnée des tirages successifs de chaque couleur.

679. VORAGINE (J. de). La Légende dorée. Traduction française de H. Piazza. Dessins et lithographies de A. Lunois. *Paris, G. Boudet,* 1896, in-4, mar. bleu, très grand encad. de fil. droits et courbes et de petits fers, dos orné, large dent. int., tête dor., non rogné (*Couvert. illust.*).

Un des 25 exemplaires (n° 25) imprimés sur **papier du Japon**, contenant **un double état en noir, sur papier de Chine**, de toutes les planches (bois et lithographies).

680. WEBER'S (Les). Les Weber's. Les Weber's. *Paris, Émile Testard,* 1895, gr. in-8, figures, cartonn. demi-toile citron, tête dor., non rogné, couverture illustrée (*Pierson*).

Un des 25 exemplaires imprimés sur **papier de Chine**.

681. WELLS (H.-G.). La Guerre des mondes. Traduit de l'anglais par Henry-D. Davray. Édition illustrée par Alvim-Corrêa. *Édité par L. Vandamme et Co, Jette-Bruxelles,* 1906, in-4, cartonn. dos mar. fauve de l'éditeur, tête citron, non rogné.

Édition tirée à 500 exemplaires (n° 72) signés par l'illustrateur.

682. ZOLA (Émile). Pot-bouille. *Paris, G. Charpentier,* 1882,

in-12, mar. vert., fil., dos orné, tête dor., non rog., couverture (*Pierson*).

Édition originale.

Exemplaire imprimé sur **papier de Hollande** ; il est orné de 36 **petites aquarelles originales** de **Sta**, placées au commencement et à la fin des chapitres.

683. ZOLA (Émile). Germinal. *Paris, G. Charpentier et Cie*, 1885, in-12, mar. vert, fil., dos orné, tête dor., non rogné, couverture (*Pierson*).

Édition originale.

Exemplaire imprimé sur **papier de Hollande** ; il est orné de 15 **dessins aquarellés** de **A. Gumery.**

684. ZOLA (Émile). L'Œuvre. *Paris, G. Charpentier et Cie*, 1886, in-12, mar. vert, fil., dos orné, tête dor., non rogné, couverture (*Pierson*).

Édition originale.

Exemplaire imprimé sur **papier de Hollande** ; il est orné, dans les marges, au commencement ou à la fin des chapitres, de 66 **aquarelles** ou **dessins originaux** de **E. Vincent.**

685. ZOLA (Émile). Nouveaux Contes à Ninon. 1 frontispice et 30 compositions dessinés et gravés à l'eau-forte par Ed. Rudaux. *Paris, Conquet*, 1886, 2 vol. in-8, dos et coins mar. bleu, fil., dos orné, tête dor,, non rog. (*Couvert.*).

Exemplaire (n° 4) imprimé sur **grand papier du Japon**, contenant les figures en trois états, dont **l'eau-forte pure.**

686. ZOLA (Émile). Une Page d'Amour. Compositions de François Thévenot. *Paris, Émile Testard*, 1895, gr. in-8, dos et coins mar. viol., fil., dos orné, tête dor., non rogné, couverture illust. (*Pierson*).

Un des 10 exemplaires (n° 3) imprimés sur **papier du Japon**, contenant un tirage à part des bois du texte et **cinq états** des eaux-fortes de *Muller* d'après *Thévenot.*

687. ZOLA (Émile). L'Attaque du Moulin, compositions d'Émile Boutigny ; gravures à l'eau-forte et en couleurs par Claude Faivre. *Paris, Collection des Dix*, 1901, gr. in-8, dos et

coins mar. brun, fil., dos orné, tête dor., non rogné, couvert. illust. (*Pierson*).

Un des 20 exemplaires (n° 11) imprimés sur papier du Japon, contenant 4 états des figures texte et hors texte et la décomposition des couleurs d'une planche.

IMPRIMERIE, RELIURE, BIBLIOPHILIE

688. AMIS DES LIVRES (Les), gravés par MM. Abot, P. Avril, G. Manchon et R. Piguet ; préface par M. Victor Mercier. *Paris, imprimé pour les Amis des livres*, 1899, in-8, demi-rel. mar. bleu clair, fil., dos orné, non rogné.

88 portraits gravés à l'eau-forte.

689. BÉRALDI (Henri). Estampes et livres, 1872-1892. *Paris, L. Conquet*, 1892, in-8, dos et coins mar. vert, tête dor., non rogné, couverture (*Pierson*).

Tiré à 390 exemplaires (n° 66) numérotés ; nombreuses reproductions de reliures en couleurs et en héliogravure.

690. CHRISTIAN. Origines de l'Imprimerie en France. Conférences faites les 25 juillet et 17 août 1900. *Paris, Imprimerie nationale*, 1900, gr. in-4, nombreuses reproductions de titres et figures sur bois, mar. gren., jans., dent. int., tête dor., non rogné (*Pierson*).

Un des 50 exemplaires (n° 6) imprimés sur papier du Japon, signés par M. A. Christian.

691. COUSIN (Charles). Voyage dans un grenier, bouquins, faïences, autographes et bibelots. *Paris, Damascène Morgand et Charles Fatout*, 1878, pet. in-fol., mar. vert, comp. de fil. et coins ornés à petits fers, dos orné, doublé de mar. rouge, entrelacements de fil. et de fleurs azurées, tranches dor. (*Champs*).

Un des 10 exemplaires imprimés sur papier du Japon, contenant les figures en trois états et les tirages successifs d'une chromolithographie.

692. COUSIN (Charles). Racontars illustrés d'un vieux collectionneur, par l'auteur du « Voyage dans un grenier ». *Paris, Librairie de « l'Art »*, 1887, in-4, papier du Japon, figures, dos et coins mar. bleu, fil., dos orné, tête dor., non rogné (*Pierson*).

Dessins de *Félix Régamey*. Chromotypies de *David Weber*, gravées par *Charles Manso*. Eaux-fortes d'*Abot* et de *Cattelain*.

693. DEROME (L.). La Reliure de luxe. Le Livre et l'amateur, Illustrations inédites, reproduites d'après les types originaux par Aron frères et dessins de G. Fraipont, C. Kurner, M. Perret. Frontispice reliure peinte par J. Adeline. *Paris, Éd. Rouveyre*, 1888, in-8, mar. brun, fil., dos orné, dent. int., tête dor., non rogné (*Pierson*).

694. DEROME (L.). Le Luxe des livres. *Paris, Édouard Rouveyre*, 1879, pet. in-12, mar. brun, compart. de fil. droits et courbes et de feuillages à petits fers, dos orné, dent. int., tr. dor. (*Champs*).

Un des 4 exemplaires (n° 1) imprimés sur parchemin.

695. DURRIEU (Paul). Chantilly. Les très riches Heures de Jean de France duc de Berry. Ouvrage accompagné de 64 planches en héliogravure. *Paris, Plon, Nourrit et Cie*, 1904, in-fol., cuir de Russie, compart. de fil. dorés et de fers à froid, dos orné, dent. int., tr. dor., couverture illust. (*Pierson*).

Un des 300 exemplaires imprimés sur papier de cuve.

696. FERTIAULT (F.). Les Amoureux du livre. Sonnets d'un bibliophile, bibliophiliana, notes et anecdotes. Préface du bibliophile Jacob (Paul Lacroix). Seize eaux-fortes de Jules Chevrier. *Paris, A. Claudin*, 1877, 2 vol. in-8, mar. rouge, comp. de fil. entrel. à la Grolier, fleurons, dos orné, doublés de mar. vert clair, large encad. de fil. entrelacés, chiffre mosaïqué, tr. dor., (*Champs*).

Un des 10 exemplaires (n° 1), exceptionnels imprimés sur **grand papier de Hollande**, avec suites avant et avec la lettre sur papier de Hollande, de Chine et du Japon.

On y a joint deux sonnets autographes de l'auteur : *Faux dédains*, février 1861, l'*Opinion du père Jean*, décembre 1872.

697. HANOTAUX (Gabriel) et VICAIRE (Georges). La Jeunesse de Balzac. — Balzac imprimeur, 1825-1828, avec trois estampes et 2 portraits gravés sur bois par A. Lepère. *Paris, F. Ferroud,* 1903, petit in-4, dos et coins mar. vert, fil., dos orné, tête dor., non rogné, couverture (*Pierson*).

Un des 60 exemplaires imprimés sur **papier du Japon**, contenant les figures et portraits en deux états.

698. MICHEL (Marius). La Reliure française depuis l'invention de l'imprimerie jusqu'à la fin du XVIIIe siècle, par MM. Marius Michel, relieurs-doreurs. *Paris, Damascène Morgand et Charles Fatout,* 1880, in-4, frontispice par Ed. Hédouin et nombreuses planches de reliures, tête dor., non rogné (*Champs*).

699. PORTALIS (Baron Roger). Les Dessinateurs d'illustrations au XVIIIe siècle. *Paris, Damascène Morgand et Charles Fatout,* 1877, in-8, mar. rouge foncé, fil., dos orné, dent. int., tête dor., non rog. (*Champs*).

Un des 20 exemplaires imprimés sur **papier de Chine**, avec le frontispice de *Jules Jacquemart* en trois états.

700. QUENTIN-BAUCHART (Ernest). Les Femmes bibliophiles de France (XVIe, XVIIe et XVIIIe siècles). *Paris, Damascène Morgand,* 1886, 2 vol. gr. in-8, reproductions de reliures et de blasons, mar. bleu, jans., chiffre sur les plats, dent. int., tête dor., non rognés (*Allô*).

Un des 50 exemplaires imprimés sur **papier de Chine**.

701. UZANNE (Octave). Nos Amis les livres. Causeries sur la littérature curieuse et la librairie. *Paris, Quantin,* 1886, in-12, frontispice par H. Manesse, mar. gren., fil., dos orné, chiffre sur les plats, dent. int., tête dor., non rogné, couverture (*Allô*).

Un des 30 exemplaires (n° 2) imprimés sur **papier Whatman**, contenant le frontispice en trois états.

702. UZANNE (Octave). La Reliure moderne artistique et fantaisiste. Illustrations reproduites d'après les originaux par P. Albert-Dujardin et dessins allégoriques de J. Adeline, G. Fraipont, A. Giraldon. Frontispice d'Albert Lynch, gravé par Manesse.

Paris, Édouard Rouveyre, 1887, gr. in-8, papier vélin, cartonn. dos et coins mar. violet, fil., dos orné, non rogné, couverture (*Champs*).

703. UZANNE (Octave). Bouquinistes et bouquineurs. Physiologie des quais de Paris du pont Royal au pont Sully. Illustrations d'Émile Mas, eau-forte frontispice de Manesse. *Paris, Quantin,* 1893, in-8, demi-rel. mar. vert, fil., dos plat orné, tête dor., non rogné, couverture illust. (*Pierson*).

Un des 75 exemplaires imprimés sur **papier du Japon**, avec le frontispice en quatre états.

704. UZANNE (Octave). Dictionnaire bibliophilosophique, typologique, iconophilesque, bibliopégique et bibliotechnique à l'usage des bibliognostes, des bibliomanes et des bibliophilistins. *Paris, imprimé pour les Sociétaires de l'Académie des beaux livres, Bibliophiles contemporains,* 1896, in-8, demi-mar. brun, fil., dos orné, tête dor., non rogné, couvert. illust. (*Pierson*).

Édition imprimée à 176 exemplaires.

705. UZANNE (Octave). L'Art dans la décoration extérieure des livres en France et à l'étranger, les couvertures illustrées, les cartonnages d'éditeurs, la reliure d'art. *Paris, L. Henry May,* 1898, gr. in-8, mar. citron, 3 fil., chiffre sur les plats, dos orné et mosaïqué, encad. int. de 6 fil., tête dor., non rogné, couvert. illust. (*Domont*).

Un des 60 exemplaires imprimés sur **papier du Japon**.

706. WHEATLEY. Les Reliures remarquables du Musée britannique au point de vue de l'art et de l'histoire, décrites par Henry B. Wheatley. *Paris, Gruel et Engelmann, Londres, Sampson Low, Marston, Searle et Rivington,* 1889, in-4, mar. brun, dent. int., tête dor., ébarbé, couverture (*Pierson*).

72 reliures reproduites par la phototypie.

ORDRE DES VACATIONS

PREMIÈRE VACATION. — *Mardi 21 Janvier 1908.*

N°s 688 à 706.
1 à 77.
79 à 130.
78

DEUXIÈME VACATION. — *Mercredi 22 Janvier 1908.*

N°s 131 à 276.
(moins les n°s 156, 159 et 236)
N°s 236 (*Mille et une nuits,* avec dessins de LALAUZE).
159 (*Chanson des Mois,* avec aquarelles de LELOIR).
156 (*Jacques le fataliste,* avec aquarelles de LELOIR).

TROISIÈME VACATION. — *Jeudi 23 Janvier 1908.*

N°s 277 à 421.
(moins les n°s 357 et 358).

QUATRIÈME VACATION. — *Vendredi 24 Janvier 1908.*

N°s 422 à 559.
(moins le n° 443).
N° 443 (Molière, avec dessins de LALAUZE).

CINQUIÈME VACATION. — *Samedi 25 Janvier 1908.*

N°s 560 à 687.
(moins les n°s 587, 594 et 600).
N° 587 (Dessins originaux de BUSSIÈRE pour la *Rose enchantée*).
N° 594 (*Mémoires de Mme de Staal-De Launay,*
avec dessins de LALAUZE.)
N° 600 (Stendhal, *Le Rouge et Le Noir,* édit. Conquet,
avec les dessins originaux).
N°s 358 et 357 (Aquarelles de LELOIR, pour *Une Femme de qualité*).

CHARTRES. — IMPRIMERIE DURAND, RUE FULBERT.

www.ingramcontent.com/pod-product-compliance
Lightning Source LLC
LaVergne TN
LVHW010608110826
845149LV00003B/824

* 9 7 8 2 0 1 9 9 3 1 2 1 6 *